Martin Taylor

WALKING**BASS**FÜR **JAZZ**GITARRE

Lerne, wie du meisterhaft Jazzgitarren-Akkorde mit Walking Basslines kombinierst

WITH JOSEPH **ALEXANDER**

FUNDAMENTAL**CHANGES**

Martin Taylor Walking Bass für Jazzgitarre

Lerne, wie du meisterhaft Jazzgitarren-Akkorde mit Walking Basslines kombinierst

Veröffentlicht von **www.fundamental-changes.com**

ISBN: 978-1-78933-109-7

Copyright © 2019 Martin Taylor & Joseph Alexander

Herausgegeben von Tim Pettingale

www.fundamental-changes.com

Twitter: @guitar_joseph

Über 10.000 Fans auf Facebook: **FundamentalChangesInGuitar**

Instagram: **FundamentalChanges**

Für über 350 kostenlose Gitarrenlektionen mit Videos besuche

www.fundamental-changes.com

Mit besonderem Dank an Pete Sklaroff für seine unschätzbare Hilfe bei der Zusammenstellung dieses Buches.

Titelbild: Vervielfältigung mit freundlicher Genehmigung von Robert Burns

Mit besonderem Dank an Stefan Koster die wertvolle redaktionelle Mitarbeit.

Inhaltsverzeichnis

Über die Autoren

Dr. Martin Taylor MBE ist ein virtuoser Gitarrist, Komponist, Pädagoge und musikalischer Innovator.

Das *Acoustic* Gitarrenmagazin hat ihn als „DEN Akustikgitarristen seiner Generation" bezeichnet. Chet Atkins sagte, dass „Martin einer der größten und beeindruckendsten Gitarristen der Welt ist", und Pat Metheny kommentierte, dass „Martin Taylor einer der großartigsten Sologitarristen in der Geschichte des Instruments ist".

Martin, der weithin als der weltweit führende Vertreter des Solojazz und Fingerstyle-Gitarrenspiels gilt, besitzt einen unnachahmlichen Stil, der ihm von Musikerkollegen, Fans und Kritikern gleichermaßen weltweite Anerkennung eingebracht hat. Er begeistert das Publikum mit einem unverwechselbaren Stil, der seine Virtuosität, Emotion und Humor kunstvoll mit einer starken, ansprechenden Bühnenpräsenz verbindet.

Taylor hat eine bemerkenswerte musikalische Karriere in fünf Jahrzehnten hinter sich, mit mehr als 100 Aufnahmen. Komplett autodidaktisch hat er bereits im Alter von vier Jahren eine einzigartige Art der Herangehensweise an die Solojazzgitarre entwickelt, die er heute in sieben verschiedene Phasen unterteilt, um sie anderen beizubringen.

Joseph Alexander ist einer der produktivsten Autoren moderner Gitarrenunterrichtsmethoden.

Er hat über 400.000 Bücher verkauft, die eine Generation junger Musiker ausgebildet und inspiriert haben. Sein unkomplizierter Unterrichtsstil basiert darauf, die Grenzen zwischen Theorie und Performance abzubauen und Musik für alle zugänglich zu machen.

Joseph wurde am Londoner Guitar Institute und Leeds College of Music ausgebildet, wo er einen Abschluss in Jazz Studies erwarb. Er hat Tausende von Schülern unterrichtet und über 40 Bücher über das Gitarrenspiel geschrieben.

Er ist Geschäftsführer von *Fundamental Changes Ltd.*, einem Verlag, dessen einziger Zweck es ist, Musiklehrbücher von höchster Qualität zu erstellen und Autoren und Musikern ausgezeichnete Lizenzgebühren zu zahlen.

Fundamental Changes hat über 120 Musiklehrbücher veröffentlicht und nimmt derzeit Beiträge von zukünftigen Autoren und Lehrern aller Instrumente entgegen. Kontaktieren Sie uns unter webcontact@fundamental-changes.com, wenn Sie mit uns an einem Projekt arbeiten möchten.

Einleitung

Eines der Dinge, die ich am häufigsten gefragt werde, ist, wie man Walking Basslines auf der Gitarre spielt. Zwischen meinen Privatschülern und bei jedem Gitarren-Retreat, das ich unterrichte, wird mich zwangsläufig jemand fragen, wie man Akkorde mit Walking-Basslines kombiniert, dabei aber einen engen Jazz-Groove beibehält und den Song vorantreibt.

Das ist eine tolle Frage. Die Fähigkeit, Akkorde und Basslinen gleichzeitig zu spielen, ist für einen Jazzgitarristen das ultimative Können eines Begleiters, egal ob man in einem Gitarrenduo jammt, mit einem Sänger arbeitet oder sogar in einer größeren Band mit einem Klavier spielt. Tatsächlich steht mein Akkord- und Bassline-Ansatz im Mittelpunkt meines Spiels, so dass das Beherrschen dieses Ansatzes dir einen tiefen Einblick in meinen Chord Melody-Stil geben wird.

Dieses Buch vermittelt meine Technik, Akkorde und Walking Basslines von Grund auf zu kombinieren, angefangen bei den wichtigsten Akkordformen und Fingersätzen bis hin zum Bau von Basslinen und der Beherrschung des Jazz-Swing-Feel.

Ich bringe dir bei, wie man Synkopen einführt, Jazz-Drummer nachahmt, den typischen „Skip" des Bassisten hinzufügt und werde dir viele andere Tricks des Fachs vermitteln. All dies wird dazu beitragen, dass du zu einem groovigen Begleiter wirst, mit dem andere Musiker gerne zusammenarbeiten werden.

Das Herzstück jedes Grooves ist die Fähigkeit des *Zuhörens*. Es ist sehr wichtig, dass du dir eine Reihe großartiger Bassisten ansiehst, damit du hören kannst, wie diese Linien eigentlich klingen sollten. Alles, was wir in diesem Stil tun, ist, den Bassisten nachzuahmen. Wenn du also die unten aufgeführten Musiker nicht gehört hast, wird es sich für dich lohnen, sie zu suchen und einige Zeit anzuhören, bevor du in Kapitel Eins eintauchst.

Einige meiner Lieblingsbassisten sind:

- Niels-Henning Ørsted Pedersen

- Ray Brown

- Oscar Pettiford

- Jaco Pastorius

Höre dir diese unglaublichen Musiker an und konzentriere dich auf ihre Groove- und Notenplatzierung, um ihr Gefühl einzufangen. Wenn du möchtest, kannst du versuchen, ihr Gefühl zu kopieren, indem du auf einer gedämpften Basssaite mitspielst.

Bevor wir loslegen, möchte ich dir noch einen letzten Rat geben: *Bitte* spiele keine Walking Basslines, wenn du mit einem echten Bassisten spielst. Du wirst viele Kollisionen verursachen und ihnen einfach in die Quere kommen. Das Spielen von Walking Basslines ist schließlich die Aufgabe des Bassisten, also nutze diese wunderbaren Techniken nur, wenn kein Bassist zur Verfügung steht. Deine Band wird es dir danken!

Nun, da wir das geklärt haben, lass uns in Kapitel Eins eintauchen und einige der am besten geeigneten Akkordformen betrachten, die beim Spielen von Walking Bass verwendet werden können. Achte auf die Griffe, da sie vielleicht nicht ganz das sind, was du gewohnt bist.

Hol dir das Audio

Die Audiodateien zu diesem Buch stehen unter **www.fundamental-changes.com** zum kostenlosen Download zur Verfügung. Der Link befindet sich oben rechts in der Ecke. Klicke auf den Link „Gitarre", wähle dann einfach diesen Buchtitel aus dem Dropdown-Menü aus und folge den Anweisungen, um das Audio zu erhalten.

Wir empfehlen dir, die Dateien direkt auf deinen Computer herunterzuladen, nicht auf dein Tablet, und sie dort zu extrahieren, bevor du sie zu deiner Medienbibliothek hinzufügst. Du kannst sie dann auf dein Tablet, deinen iPod legen oder auf CD brennen. Auf der Download-Seite gibt es Anweisungen und wir bieten auch technischen Support über das Kontaktformular.

Für über 350 kostenlose Gitarrenstunden mit Videos siehe unten:

www.fundamental-changes.com

Twitter: **@guitar_joseph**

Über 10.000 Fans auf Facebook: **FundamentalChangesInGuitar**

Instagram: **FundamentalChanges**

Hol dir das Video

Als besonderen Bonus für Käufer dieses Buches hat Martin Taylor zwei Videos, die jedes Schlüsselelement seiner Walking Bass- und Akkordtechnik erklären, die sonst nirgendwo erhältlich sind. Folge diesem Link, um den Inhalt anzusehen/herunterzuladen:

https://fundamental-changes.teachable.com/p/martin-taylor-walking-bass-for-jazz-guitar

Oder nutze den Kurzlink:

http://geni.us/walkingbassvideo

Wenn du den obigen Link in einen Browser eingibst, beachte bitte, dass es kein „www." gibt.

Du kannst auch den untenstehenden QR-Code scannen, um die Videos auf deinem Smartphone anzuzeigen:

Kapitel Eins – Grundlegende Akkord-Voicings

Während die meisten Jazzgitarristen einige große und beeindruckende Gitarrenakkorde mit erschreckenden Namen kennen, ist es am häufigsten (und effektivsten), sehr kleine Fragmente von Akkorden zu verwenden, wenn man lernt, Akkorde in Verbindung mit einer wandelnden Bassline zu spielen.

Diese Fragmente werden als „Root and Guide Tone"-Stimmen bezeichnet, da sie nur den Grundton des Akkords enthalten, der normalerweise auf der 6. oder 5. Saite gespielt wird, und die *Leittöne* des Akkords, die Terz (3.) und Septime (7.), die auf zwei der mittleren Saiten der Gitarre gespielt werden. Die 3. und 7. sind die Noten, die den Klang eines Akkords am besten definieren und angeben, ob es sich um einen Major-7 (Maj7), Minor-7 (m7) oder Dominant-7 (7) handelt.

In diesem Buch wird keine einzige Note auf der hohen E-Saite gespielt. Wir befassen uns nur mit den Bassnoten und den mittleren Akkord-Voicings, und du wirst erstaunt sein, wie kompliziert und groovig wir gerade diese kleinen Fragmente klingen lassen können, wenn sie mit einem Jazz Walking Bass kombiniert werden.

Wie du wahrscheinlich weißt, gibt es im Jazz einige wichtige Akkordwechsel, die immer wieder auftreten, und wir werden einen davon als Rahmen verwenden, um alle unsere Ideen für den Walking Bass zu verwirklichen. Die Progression ist eine I VI II V (ausgesprochen One Six Two Five) Sequenz in der Tonart G-Dur. Du kennst diese Sequenz vielleicht, wenn ein *Rhythmus den* Verlauf *ändert*, da sie das Rückgrat des Songs *I Got Rhythm* und vieler anderer Standard-Jazzmelodien bildet, wie z.B. *Oleo* und *Anthropology*.

In der Tonart G,

Akkord I ist GMaj7

Akkord VI ist Em7

Akkord II ist Am7

Akkord V ist D7

Wir werden uns ansehen, wie diese Akkorde später geändert werden können, aber für den Anfang lernen wir diese Akkorde als Leitton-Voicings in ihrer grundlegendsten Form am Hals. Achte auf die Griffe; ein paar mögen sich zunächst unnatürlich anfühlen, aber es gibt einen Grund, sie so zu spielen, der sich zeigen wird. Stelle sicher, dass die mit einem X markierten Noten gedämpft werden.

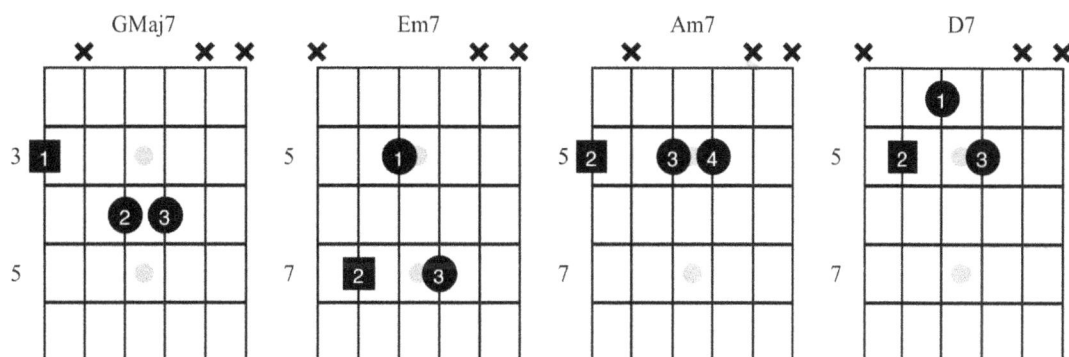

Lass uns diese Akkorde als einfache Jazzfolge spielen. Verwende deine Finger und stelle sicher, dass du die unerwünschten Saiten dämpfst.

Beispiel 1a:

Diese Akkorde sind *diatonisch* zur Tonart G-Dur. Das bedeutet, dass jede Note in jedem Akkord in der G-Dur-Tonleiter enthalten ist. Allerdings mischen Jazzmusiker gerne etwas auf und spielen oft ein G7 statt eines GMaj7, ein E7 statt des Em7 oder ein A7 statt des Am7.

In der Tat, so ziemlich der einzige Akkord, der in Stein gemeißelt ist, ist das D7, und manchmal sieht man auch Substitutionen dafür. Wir werden später im Buch auf die Substitutionen zurückkommen. Versuche zunächst, die Sequenz I VI II V mit den folgenden Akkorden zu spielen.

Beispiel 1b:

Wenn du Beispiel 1a und Beispiel 1b fließend spielen kannst, versuche sie zu kombinieren und die Sounds der verschiedenen Möglichkeiten in den Kopf zu bekommen. Du kannst beispielsweise die folgende Sequenz ausprobieren:

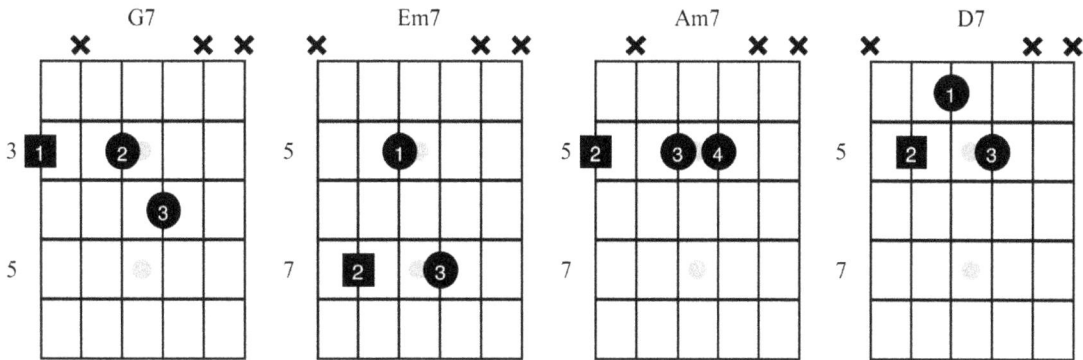

Beispiel 1c:

Versuche, die I VI II V Sequenz wiederholt zu loopen und jedes Mal unterschiedliche *Akkordqualitäten* zu verwenden.

Als nächstes werde ich dir eine wichtige *Akkordsubstitution* beibringen. Anstelle des GMaj7 (oder G7) Akkords spielen wir einen Bm7 Akkord. Diese Substitution klingt großartig, da Bm7 den Leitton (3. und 7.) von GMaj7 enthält und eine zusätzliche Note hinzufügt.

Vergleiche die Akkordtöne von GMaj7 und Bm7:

Akkord	1	3	5	7
GMaj7	G	B	D	F#
Bm7	B	D	F#	A

Wenn wir Bm7 statt GMaj7 spielen, besteht der einzige Unterschied darin, dass wir die Note A einführen. Normalerweise, wenn ein Bassist oder Pianist den ursprünglichen Grundton G spielt, hören wir das A als eine wunderschön reiche Note, die der Harmonie hinzugefügt wird. Aber keine Sorge, diese Substitution funktioniert wunderbar, egal ob es einen Bassisten gibt oder nicht!

Versuche, die folgende Progression mit dem Voicing des Bm7-Akkords durchzuspielen. Beim ersten Mal spiele ich eine G7. Beim zweiten Mal spiele ich Bm7 statt der G7. Loope diese Sequenz, bis du dich damit wohlfühlst, bevor du weitermachst.

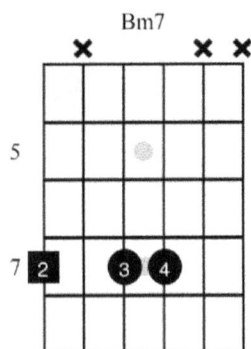

Beispiel 1d:

Die Verwendung eines Bm7 (Akkord III) anstelle des Akkords I ist eine im Jazz sehr verbreitete Substitution und die beiden Akkorde sind vollständig austauschbar. Du kannst beide verwenden und es wird den Solisten oder einen Sänger nicht beeinträchtigen.

Wir kommen bald in den Walking Bass-Abschnitt, versprochen! Aber zuerst müssen wir den Hals noch ein wenig mehr öffnen und einige verschiedene Spielweisen um die Akkordsequenz I VI II V in verschiedenen Bereichen des Griffbretts lernen.

Wie wäre es mit einem Start hoch am Hals und einem Abstieg von einem G7 am 10. Bund?

Beispiel 1e:

Wir könnten auch vom unteren G7 absteigen und ein E7 mit einigen offenen Saiten spielen.

Beispiel 1f:

Wir können das Am7 und das D7 oben am Hals verlegen. Dies funktioniert hervorragend, wenn wir mit der Bm7-Substitution beginnen.

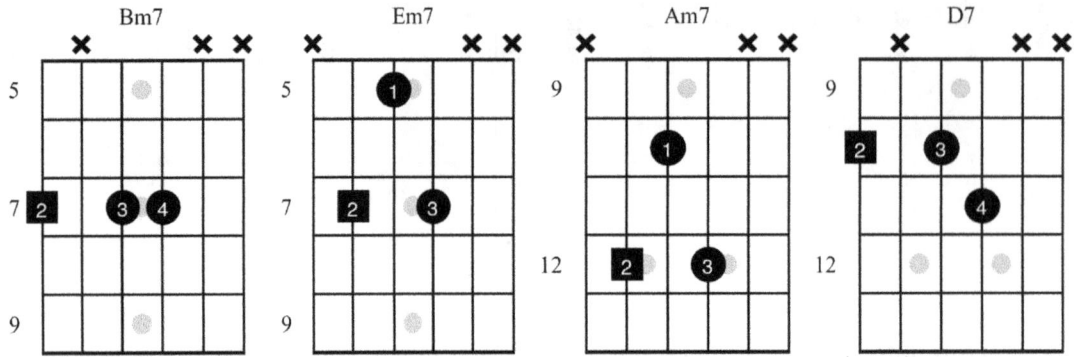

Beispiel 1g:

Natürlich könnten wir auch mit dem G7 beginnen!

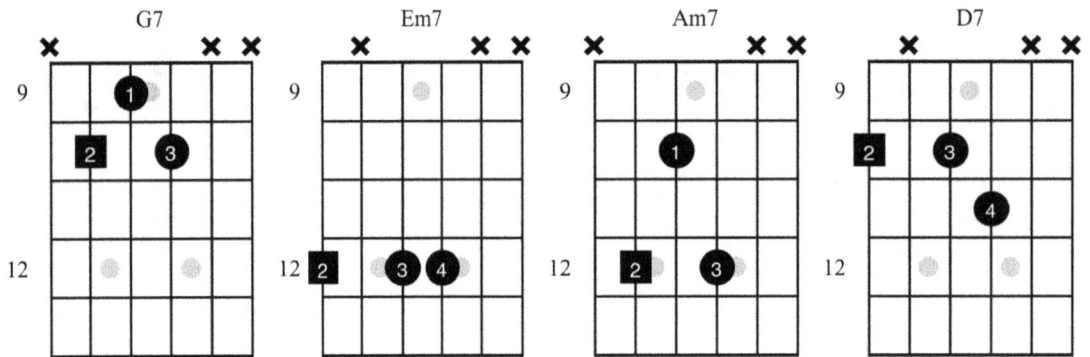

Beispiel 1h:

Das Wichtigste ist, zu experimentieren und Spaß an diesen Fortschritten zu haben. In späteren Kapiteln werden wir Walking Basslines und mehr rhythmisches Interesse hinzufügen, aber im Moment untersuchen wir diese Akkordfolge in G-Dur und entdecken, wie es sich anfühlt, alle von uns abgedeckten Substitutionen zu spielen.

Du kannst spielen:

Akkord I	GMaj7	G7	Bm7
Akkord VI	Em7	E7	
Akkord II	Am7	A7	
Akkord V	D7	(Top-Tipp: Probiere auch Ab7!)	

Bevor wir weitermachen, möchte ich, dass du diese Sequenz in einer anderen Tonart lernst. Dies wird dazu beitragen, dein Verständnis für den Hals zu entwickeln und es einfacher zu machen, diese Ideen schnell umzusetzen, wenn du mit Sängern oder Blechbläsern arbeitest.

Beginne mit dem Erlernen der I VI II V Progression in der geläufigen Jazz-Tonart F.

Beispiel 1i:

Kapitel Zwei – Einfacher Walking Bass

Jetzt wissen wir, wie man die wichtigen Akkorde und Substitutionen in der I VI II V Progression zum Ausdruck bringt, lass uns also einen Blick darauf werfen, wie man eine einfache Bassline baut. Der erste Schritt ist, nur den Grundton eines jeden Akkords zu spielen. Auch wenn du bereits aus Kapitel Eins weißt, wo die Grundtöne sind, spiele die folgenden Übungen mit dem ersten Finger durch, um jede Bassnote zu spielen.

Spiele den Grundton zweimal auf jedem Akkord, aber achte darauf, wie ich jede Note betone. Die erste Note ist länger und die zweite Note ist leicht *stakkato* (abgehackt). Höre dir das Audio an und versuche, mein Gefühl zu kopieren.

Beispiel 2a:

Nun, lass uns das Gleiche spielen, aber ausgehend vom Bm (dem III. Akkord), den wir im vorherigen Kapitel als Substitution verwendet haben.

Beispiel 2b:

Wenn du das perfektioniert hast, verknüpfe die beiden vorherigen Beispiele.

Beispiel 2c:

Nimm dir schließlich etwas Zeit, um die anderen Positionen des Halses für die Sequenz I VI II V und III VI II V zu erforschen. Hier ist eine Möglichkeit, wie du die Wechsel durchspielen kannst, aber du solltest Zeit damit verbringen, den Hals selbst zu erkunden.

Beispiel 2d:

Jetzt, wo wir also wissen, wo die wichtigen Basstöne sind - wie beginnen wir, einen Walking Bass zu spielen? Nun, es ist einfacher, als du denkst!

Um eine solide Walking Bassline zu erzeugen, müssen wir lediglich eine *chromatische* Annäherungsnote entweder über oder unter der Zielbassnote hinzufügen. Mit anderen Worten, anstatt zwei Grundtöne auf jedem Akkord zu spielen, ersetzen wir die zweite Note durch eine chromatische Annäherungsnote, einen Halbton über oder unter dem *folgenden* Akkord.

Wenn man das aufschreibt, klingt das etwas komplizierter, als es ist, also schauen wir uns die ersten beiden Akkorde an, G und E.

Als wir zwei Noten auf jedem Akkord spielten, hatten wir Folgendes:

Beispiel 2e:

Ersetze das zweite G durch die Note einen Halbton über dem E (F).

Beispiel 2f:

16

Wiederholen wir diesen Prozess auf jedem Akkord im Takt, so dass jede Bassnote von einem Halbton darüber angespielt wird. Verwende deinen ersten Finger, um jede Note zu spielen. Es mag sich ein wenig einfach anfühlen, aber in diesem Stadium möchte ich, dass du den Klang, das Gefühl und die Lage der Noten lernst und nicht über die Finger stolperst.

Beispiel 2g:

Kannst du hören, wie wir plötzlich Bassisten geworden sind?! Die Grundtöne der Akkorde sind alle auf den starken Taktschlägen des Taktes (Schläge 1 und 3) und die chromatischen Annäherungsnoten sind alle auf den schwachen Taktschlägen des Taktes (Taktschläge 2 und 4). Das bedeutet, dass wir nicht nur *Bewegung* geschaffen haben, sondern auch eine *Spannung* erzeugt haben, die *sich auflöst,* wenn wir uns auf den gewünschten Grundton zubewegen.

Diese chromatischen Bewegungen werden keinem anderen Instrumenten in die Quere kommen (außer einem anderen Gitarristen oder Bassisten, der eine Walking Bassline spielt), da sie alle an schwachen Stellen im Takt auftreten und sich stark in Grundtönen auflösen.

Es ist der gleiche Prozess, wenn wir von einem Halbton darunter zur Grundton-Note wechseln wollen. Beginne mit G und nähere dich dann dem E von der chromatischen Note unten (D#). Verwende deinen ersten Finger, um jede Note im folgenden Beispiel zu spielen.

Beispiel 2h:

Die Annäherung an den Grundton von einem Halbton unterhalb klingt genauso stark wie die Annäherung von oben. Musikalisch hat es den gleichen Effekt, denn wieder einmal löst sich die Spannung auf dem schwachen Taktschlag auf, um den Grundton auf dem starken Taktschlag zu lösen.

Beginne nun mit Akkord III (Bm) und spiele die Sequenz durch, indem du eine chromatische Annäherungsnote von oben hinzufügst.

Beispiel 2i:

Wiederhole diese Übung mit chromatischen Annäherungsnoten von unten nach jedem Akkord.

Beispiel 2j:

Wenn du das verinnerlicht hast, verbinde die Sequenzen I VI II V und III VI II V mit den chromatischen Annäherungsnoten von oben.

Beispiel 2k:

Wiederhole dieses Beispiel, aber mit der Chromatik, die sich jedem Akkord von unten nähert.

Beispiel 2l:

Nachdem du einige Zeit mit den beiden vorherigen Beispielen verbracht hast, ist es an der Zeit, kreativ zu werden und die chromatischen Annäherungsnoten zu vermischen. Kombiniere chromatische Annäherungsnoten von oben und unten und spiele, was immer du willst. Ich habe dir unten ein Beispiel gegeben, aber betrachte dies als eine kreative Aufgabe – finde so viele Möglichkeiten wie möglich, um durch den Fortschritt zu navigieren. Bleibe bei der Verwendung eines Fingers und versuche, ein musikalisches Gefühl zu erzeugen, das wirklich wie ein Bassist klingt.

Beispiel 2m:

Wenn du dich dabei wohl fühlst, eine Walking Bassline zu kreieren, erkunde verschiedene Positionen des Halses. Hier ist eine Idee, die in einem tieferen Register gespielt wird.

Beispiel 2n:

Jetzt spiel hoch oben auf der Gitarre.

Beispiel 2o:

Es lohnt sich, einige Zeit hier zu verbringen, denn die genaue Kenntnis des Territoriums am Gitarrenhals wird dir massiv helfen, wenn wir im nächsten Kapitel Walking Basslines mit Akkorden kombinieren.

Bevor wir weitermachen, gibt es eine kreative Herausforderung:

Stelle dein Metronom auf 60 Schläge pro Minute (bpm) und schau, wie lange du in der Sequenz I VI II V III VI II VI II II V gehen kannst. Deine Priorität ist es, immer eine Grundton-Note auf die Schläge 1 und 3 zu setzen. Wenn du einen Fehler machst, mach einfach weiter und versuche, deinen Platz nicht zu verlieren.

Notiere dir immer deine Trainingseinheiten und überprüfe dein Spiel 24 Stunden später. Achte auf deinen Rhythmus (spielst du im Takt?) und schau, ob es Orte gibt, an denen du dich ständig wehrst oder deinen Platz in der Progression verlierst. Wenn ja, isoliere diese Teile und bearbeite die Bewegungen einzeln.

Wenn du dich sicher fühlst, wende alle Techniken in diesem Kapitel auf die Tonart F an. Die benötigten Akkorde werden am Ende des ersten Kapitels gezeigt.

In Kapitel Drei werden wir die Akkorde wieder einführen und etwas Spaß daran haben, sie mit Basslinen zu kombinieren.

Kapitel Drei – Akkorde und harmonisierte Basslinen

In den beiden vorangegangenen Kapiteln haben wir gelernt, wie man Akkord-Voicings für die I VI II V Progression spielt und wie man eine chromatische Bassline baut. In diesem Kapitel werden wir diese beiden Fähigkeiten kombinieren und auch die chromatischen Annäherungsnoten *harmonisieren*, um eine in sich geschlossene Akkord- und Basslinien-Struktur zu schaffen.

Wie du in Kapitel Eins gesehen hast, gibt es verschiedene *Qualitäten, die* wir für jeden Akkord spielen können, also werden wir, um die Dinge einfach zu halten, zunächst bei den folgenden Akkorden bleiben.

Am Ende des Kapitels zeige ich dir einige wichtige Variationen und wie du sie musikalisch angehen kannst.

Der erste Schritt ist die *Harmonisierung* (Hinzufügen von Akkorden) der chromatischen Noten, die wir den Basslinen in Kapitel Zwei hinzugefügt haben. Das klingt kompliziert, ist aber eigentlich ganz einfach.

Du wirst dich erinnern, dass wir bei der Erstellung unserer Walking Bassline lediglich eine chromatische Note hinzugefügt haben, entweder einen Halbton über oder unter der Zielnote. Um diese chromatischen Noten zu harmonisieren, spielen wir einfach einen Akkord, der die gleiche Qualität wie der Zielakkord hat.

Zum Beispiel,

- Wenn wir uns Em7 von einem Halbton über (F) nähern, spielen wir einen Fm7-Akkord.

- Wenn wir uns A7 von einem Halbton über (Bb) nähern, spielen wir Bb7.

- Wenn wir uns D7 von einem Halbton *unten* (C#) nähern, spielen wir C#7.

- Wenn wir uns der G7 von einem Halbton über (A#) nähern, spielen wir A#7.

Wir werden später einige schöne Variationen lernen, aber dieser Ansatz ist unglaublich solide und wird immer gut klingen.

Werfen wir einen Blick darauf in Aktion auf die I VI II V Sequenz.

Im folgenden Beispiel spiele ich jeden Akkord in der Progression und erstelle eine Bassline, indem ich mich jedem einzelnen um einen Halbton von oben nähere. Dann harmonisiere ich die Annäherungsnote mit einem Akkord von gleicher Qualität wie der Zielakkord.

Beispiel 3a:

Wiederhole nun den Vorgang, aber diesmal nähere dich jedem Akkord von einem Halbton von unten.

Beispiel 3b:

Diesmal erkunden wir die III VI II V Sequenz, zunächst durch chromatische Annäherung von oben.

Beispiel 3c:

Und jetzt chromatisch von unten.

Beispiel 3d:

Wenn du das beides geübt hast, versuche beide Progressionen zu kombinieren. Im nächsten Beispiel habe ich gezeigt, wie sich jeder Akkord von unten nähert, aber du solltest ihn auch spielen, wenn du dich jedem Akkord um einen Halbton darüber näherst.

Beispiel 3e:

Nur um den Anfang zu machen, hier ein Beispiel, das chromatische Ansätze von oben und unten kombiniert.

Beispiel 3f:

Bevor du zum zweiten Teil dieses Kapitels übergehst, erkunde die anderen Bereiche des Halses, die in Kapitel Zwei behandelt wurden. Es sollte eine einfache Aufgabe sein, die Techniken der letzten sechs Beispiele auf andere Bereiche des Griffbrettes anzuwenden. Wende auch alles auf die Akkordfolge in der Tonart F-Dur an.

Wenn du jetzt geübt bist, die Akkorde und die Bassline um den Hals zu spielen, lass uns untersuchen, wie man sich verschiedenen Akkordqualitäten nähert. Wie du vielleicht erwarten kannst, ist die informelle „Regel", dass der Annäherungsakkord die gleiche Qualität wie der Zielakkord haben sollte, aber es gibt ein paar Ausnahmen, die großartig klingen, also lass uns jetzt einen Blick darauf werfen.

Bisher haben wir eine G7 als Akkord I gespielt. In manchen Songs muss der I-Akkord jedoch als GMaj7 gespielt werden. Wenn das passiert, nähere ich mich ihr immer noch *gerne* mit einem Dominant-7-Akkord von oben. Mit anderen Worten, der Akkord, der dem GMaj7 vorausgeht, ist ein Ab7. Er wird wie folgt gespielt.

Beispiel 3g:

Gmaj7	Fm7	Em7	Bb7	A7	Eb7	D7	Ab7	Gmaj7	Fm7	Em7	Bb7	A7	Eb7	D7	Ab7

TAB:
```
4  8  7  7   6  6  5  5   4  8  7  7   6  6  5  5
4  6  5  6   5  5  4  4   4  6  5  6   5  5  4  4
   8  7       6  6  5      8  7       6  6  5
3         6  5         4   3         6  5         4
```

Diese „Regel" gilt auch, wenn du dich dem GMaj7 von unten näherst – ein F#7 klingt toll.

Beispiel 3h

Gmaj7	Fm7	Em7	Bb7	A7	Eb7	D7	F#7	Gmaj7	Fm7	Em7	Bb7	A7	Eb7	D7	F#7

TAB:
```
4  8  7  7   6  6  5  3   4  8  7  7   6  6  5  3
4  6  5  6   5  5  4  2   4  6  5  6   5  5  4  2
   8  7       6  6  5      8  7       6  6  5
3         6  5         2   3         6  5         2
```

Obwohl dies meine Präferenz ist, funktioniert das Spielen eines AbMaj7-Akkords vor dem GMaj7 immer noch gut, also vertraue deinen Ohren und wähle deinen Favoriten! Du wirst oft feststellen, dass sie austauschbar sind.

Wenn wir die Bm7 (Akkord III)-Substitution verwenden, nähere ich mich dem normalerweise auch von oben mit einem Dominant-7-Akkord, d.h. in diesem Fall C7.

Beispiel 3i:

Bm7	Fm7	Em7	Bb7	A7	Eb7	D7	C7	Bm7	Fm7	Em7	Bb7	A7	Eb7	D7	C7

TAB:
```
7  8  7  7   6  6  5  9   7  8  7  7   6  6  5  9
7  6  5  6   5  5  4  8   7  6  5  6   5  5  4  8
   8  7       6  6  5      8  7       6  6  5
7         6  5         8   7         6  5         8
```

Wenn ich jedoch einen chromatischen Akkord unter dem Bm7 spiele, spiele ich oft einen Moll-7-Akkord – in diesem Fall ein A#m7.

Beispiel 3j:

Dies sind zwei der häufigsten Varianten, die ich verwende, aber du wirst mit Übung deine eigenen finden.

Bevor wir weitermachen, sind hier ein paar längere Sequenzen, die die Akkordfolgen I VI II V und II VI II V mit den Ansätzen in diesem Kapitel kombinieren. Lerne sie gründlich, bevor du deine eigenen Ideen improvisierst.

Beispiel 3k:

Beispiel 3l:

Schließlich erweitere diese Sequenzen auf andere Bereiche des Gitarrenhalses. Hier ist eine Idee im höheren Register.

Beispiel 3m:

Verwende wie immer ein Metronom und nimm dein Spiel auf. Höre es dir 24 Stunden später selbst an und achte auf deinen Rhythmus und Groove. Wenn du bereit bist, lerne auch alles in der Tonart F!

Okay, wir haben jetzt einen Großteil der Grundlagenarbeit erledigt. Wir haben die Akkorde, die Ideen der Bassline gelernt und die chromatischen Annäherungsnoten harmonisiert. Im nächsten Kapitel werden wir einen detaillierteren Blick auf Rhythmus und Synkope werfen. Dies ist die Bühne, auf der sich dein musikalisches Gefühl schnell entwickeln wird und du wirklich anfangen wirst zu hören, wie der Bass und die Akkorde zu separaten Stimmen werden.

Kapitel Vier – Synkopierung und Trennung

Bisher haben wir die Grundlagen der Kombination von Walking Bass und Akkorden auf der Gitarre studiert, und in diesem Kapitel werden wir lernen, wie man die Teile „trennt" und so klingt, als würden zwei Instrumente zusammen spielen. Hier spielt sich die Magie ab und dein Jazz-Feeling kann sich wirklich entwickeln.

Unser Ziel ist es, das stetige 1/4-Noten-Walking-Bass-Pattern fortzusetzen, während die Zielakkorde bewegt und auf den Off-Beats der Schläge 1 und 3 gespielt werden. Im Moment werden wir die Akkorde, die auf den chromatischen Annäherungsnoten gespielt werden, weglassen, aber sie später wieder hinzufügen, um etwas Variation und Interesse zu wecken.

Beginnen wir damit, dass der Grundrhythmus der beiden Teile zusammenarbeitet.

Spiele die Bassnote des G7-Akkords auf Taktschlag 1, und spiele mit einem langsamen und gemächlichen Swing den Rest des Akkords (die beiden Noten auf den Mittelsaiten) auf dem Off-Beat, bevor du schnell zum F auf Schlag 2 aufsteigst, der die chromatische Annäherungsnote an die Em7 auf Schlag 3 ist.

Wiederhole den Akkordrhythmus, bevor du die Bb chromatische Annäherungsnote auf A7 auf Schlag 4 spielst, wiederhole den Rhythmus und fühle mit den A7 und D7 Akkorden in Takt 2. Nähere dich jedem Akkord von einem Halbton oben.

In den folgenden Beispielen halte den Akkord kurz und stakkato.

Beispiel 4a:

Versuche, den gleichen Rhythmus zu spielen und nähere dich jedem Akkord mit einem chromatischen Schritt von unten.

Beispiel 4b:

Wiederhole die vorherige Idee mit der Bm7 in der Reihenfolge. Spiele zuerst chromatische Ansätze von oben.

Beispiel 4c:

Versuche nun die gleiche Progression, die sich aus der chromatischen Note unter dem Akkord ergibt.

Beispiel 4d:

Spiele schließlich die volle I VI II V / III VI II V Progression und kombiniere chromatische Ansätze von oben und unten. Hier ist eine Route um die Änderungen herum, aber du solltest in der Lage sein, dir noch viel mehr auszudenken!

Beispiel 4e:

Wie du sicher hören kannst, beginnen die Bass- und Akkord-Voicings wie zwei verschiedene Instrumente zu klingen. Das ist perfekt und genau das, was wir anstreben.

Der nächste Schritt ist der Versuch, diesen Unterschied zu betonen, indem man beide Teile mit unterschiedlichen Lautstärken spielt. Wir wollen, dass die Bassline laut und stolz ist, und dass der Akkord leiser und weniger offensichtlich ist.

Im nächsten Beispiel werden alle Akkorde von einem Halbton oben angegangen, und ich habe die Lautstärkendifferenz zwischen der Bassline und den Akkorden wirklich übertrieben. Es ist ein bisschen übertrieben, und ich würde nie so bei einem Gig spielen, aber es ist bewusst so gemacht, um dich dazu zu bringen, intensiv über deine Lautstärke nachzudenken. Das Trennen der *Stimmen* auf diese Weise ist eine ziemlich fortgeschrittene Fertigkeit, die Übung braucht, damit es natürlich klingt, also wird das Übertreiben der Dynamik zunächst helfen, die Unabhängigkeit zwischen Daumen und Fingern aufzubauen.

Beispiel 4f:

Die Arbeit an den „Lautstärkereglern" zwischen Daumen und Fingern ist für die meisten Schüler zunächst eine echte Herausforderung, wird aber mit der Zeit einfacher. Ein kleiner Trick, den ich gerne unterrichte, ist, meine Schüler dazu zu bringen, die Bassline einmal laut durchzuspielen, *ohne* die Akkorde, und beim Wiederholen, die Akkorde so leise wie möglich wieder hinzuzufügen. Es braucht viel Übung, aber diese zusätzliche Dynamik verleiht der Musikalität des Gitarrenteils große Tiefe. Versuche dies in der Sequenz I VI II V.

Beispiel 4g:

Ich wiederhole, dies ist eine fortgeschrittene Fertigkeit, also komme immer wieder auf die beiden vorherigen Übungen zurück und übe sie oft.

Bisher wurden alle Akkorde *stakkatoartig* (kurz und abgehackt) gespielt. Es ist jedoch möglich, gelegentlich den Akkord als Kontrast zu den Stakkato-Abschlägen ausklingen zu lassen, indem man die Finger auf den höheren Saiten lässt, während man die nächste Note der Bassline spielt.

Dies ist eines der Dinge, die leichter zu hören als zu erklären sind, also höre dir die Audiospur genau an, bevor du Beispiel 4h durchspielst. Spiele auf der Progression I VI II V die Akkorde I und II stakkato und lass die Akkorde VI und V für einen Taktschlag klingen. Der Trick besteht darin, die Finger, die den Akkord spielen, so lange wie möglich in Position zu lassen, während der Ersatzfinger die Bassline spielt. Es ist wichtig, die Bassline zunächst einfach zu halten, also nähere dich dem Zielakkord immer mit einem Halbton von oben.

Beispiel 4h:

Diese Art von Variationen halten die Textur der Rhythmusgitarrenparts interessant und brechen jede Monotonie auf.

Eine weitere Möglichkeit, Interesse hinzuzufügen, ist, die Position der Stakkato-Akkorde im Taktschlag zu verschieben. Bis jetzt haben wir jeden Akkord auf dem „und" der Taktschläge Eins und Drei gespielt, aber mit ein wenig Übung können wir sie in die 1/16-Noten-Division des Taktschlags verschieben.

Um dieses rhythmische Gefühl zu entwickeln, vergiss für einen Moment die gesamte Akkordfolge und halte einfach ein G7 gedrückt. Spiele die Bassnote mit dem Daumen und spiele sofort danach schnell den Rest des Akkords. Lass die Akkordtöne zwei Schläge lang klingen und wiederhole diese Sequenz viermal.

Beispiel 4i:

Wenn du mit diesem Rhythmus vertraut bist, wende ihn auf die vier Akkorde in der Sequenz I VI II V an.

Beispiel 4j:

Füge nun den Walking Bass mit 1/4-Note wieder hinzu. Ich habe notiert, dass sich der Bass von oben nähert, aber wenn du bereit bist, kannst du anfangen, deine eigenen Basslinen zu improvisieren.

Beispiel 4k:

Schließlich kann diese 1/16-Note an jeder Stelle des Taktes gespielt werden und funktioniert hervorragend auf jeder der harmonisierten chromatischen Bassnoten. Im folgenden Beispiel spiele ich alle Akkorde mit den normalen synkopierten Akkorden der 1/8-Note, aber auf den chromatischen Bassnoten *vor dem* A7 und dem G7 verwende ich den 1/16-Rhythmus.

Beispiel 4l:

G7 — Em7 — Bb7 — A7 — D7 — Ab7 — G7 — Em7 — Bb7 — A7 — D7 — Ab7

mf

```
TAB
    4         7   7     6       5   5     4         7   7     6       5   5
    3       5   6     5       4   4     3       5   6     5       4   4
      8   7           6   5           8   7           6   5
  3             6   5         4     3             6   5         4
```

Versuche, das Gleiche mit der 1/16-Note vor dem Em7-Akkord zu tun.

Beispiel 4m:

G7 — Fm7 — Em7 — Bb7 — A7 — D7 — Ab7 — G7 — Fm7 — Em7 — Bb7 — A7 — D7 — Ab7

mf

```
TAB
    4   8   7   7     6       5   5     4   8   7   7     6       5   5
    3   6   5   6     5       4   4     3   6   5   6     5       4   4
    8   6               6   5           8   6               6   5
  3           6     5         4     3           6     5         4
```

Wir haben nun drei Akkordrhythmen entwickelt, die wir beim Spielen eines Walking Basses verwenden können.

a) Der erste ist, einfach gerade, unsymmetrische Akkorde in jedem Takt zu spielen.

b) Wir können 1/4-Note-Bassnoten mit einem synkopierten Akkord auf den Off-Beats der 1/8-Note spielen.

c) Wir können auch die 1/16-Note spielen, die ich dir in den vorherigen Beispielen beigebracht habe.

Es gibt aber auch eine „geheime Option D", die darin besteht, die 1/4-Noten-Bassline ohne Akkorde zu spielen. Dies gibt einem Sänger/Solisten einen stetigen Impuls, mit dem er arbeiten kann, während er die Textur der Musik, falls erforderlich, ausdünnt.

Der gängigste Ansatz ist Option B, aber durch die Kombination der vier Techniken ist es einfach, einen interessanten, groovigen Part zu erstellen, der die Musik bereichert und nicht monoton wird. Wenn du diese Ansätze mit den verschiedenen Bereichen der Gitarre kombinierst (hoch oder runter spielst) und einige Substitutionen hinzufügst (wie z. B. Bm7 statt G7), gibt es Hunderte von kreativen Möglichkeiten, die du bei der Improvisation einer wandernden Bassline erkunden kannst.

Das folgende Beispiel zeigt dir 16 Takte von mir, wie ich die Sequenz I VI II V durchspiele und alle bisher erlernten Harmonie-, Rhythmus- und Substitutionsideen zusammenstelle. Ich habe ein paar neue hinzugefügt, also halte die Ohren offen! Lerne dieses Beispiel Note für Note und verwende sie als Grundlage für deine eigene Erkundung.

Beispiel 4n:

Wenn du dich mit Beispiel 4n beschäftigst, steige aus dem Metronom aus und konzentriere dich wirklich auf deinen Rhythmus. Stelle das Metronom auf Klick bei ca. 80 bpm ein und konzentriere dich darauf, alle Bassnoten auf die Klicks zu spielen. Wenn das solide ist, füge ein wenig „Snap" zu den Akkorden hinzu, indem du mit den Fingern etwas härter eingräbst.

Eine nützliche Metronomtechnik ist die halbe Klickgeschwindigkeit und das „Hören" bei den Schlägen 2 und 4. Du musst die Schläge 1 und 3 selbst ausfüllen. Stelle das Metronom auf 40 bpm und spiele mit der gleichen Geschwindigkeit wie bei der Einstellung auf 80 bpm. Du solltest jede chromatische Bassnote auf den Klick fallen hören und die Grundtöne fallen in die Lücken. Höre dir das Beispiel 4o genau an und spiele mit, um das Gefühl zu entwickeln.

Beispiel 4o:

In diesem Kapitel gab es viel zu lernen, aber wir haben nun die Hauptkomponenten einer effektiven Walking Bassline auf der Gitarre behandelt. Der Schlüssel dazu ist, dass du diese Ideen so weit wie möglich umsetzt. Dein Bass sollte laut und selbstbewusst und deine Akkorde sollten leiser und flott sein. Arbeite bis zu dem Punkt, an dem du die volle Kontrolle über die Rhythmen, Akkorde, Synkopen und Lautstärke hast, die du spielst.

Es ist in Ordnung zu planen, was du zuerst spielen wirst, da dies dir helfen wird, Disziplin und Kontrolle zu entwickeln, aber bald werden sich alle Techniken natürlich kombinieren und du wirst anfangen zu spielen, was du hörst.

Höre auch weiterhin auf Bassisten, denn das wird dir schnell helfen, dein Gefühl zu entwickeln.

Im nächsten Kapitel werden wir uns ansehen, wie wir die Dynamik des Gitarrenteils mit einem Plektrum variieren können.

Kapitel Fünf – Imitieren von Drums mit dem Plektrum

In diesem Kapitel werde ich dir etwas beibringen, das deinen Walking Bass-Parts eine ganz neue Dimension verleiht.

Trotz all der Variationen des Walking Basses, die wir uns in den letzten Kapiteln angesehen haben, kann es sein, dass die Musik manchmal eine andere Farbe erfordert.

Eine meiner Lieblingsbeschäftigungen ist es, einen Schlagzeuger nachzuahmen, indem ich mein Plektrum anstelle meiner Finger verwende, um einen perkussiveren Effekt auf den Saiten zu erzeugen. Indem man das Plektrum auf eine bestimmte Weise hält und mit einem entspannten Rhythmus spielt, ist es möglich, den Effekt der Besen eines Schlagzeugers auf der Snare Drum zu erzeugen, während man noch die Walking Bassline spielt.

Wenn du diese Technik gelernt hast, klingt es, als würdest du Gitarre, Bass und Schlagzeug gleichzeitig spielen! Wie du dir vorstellen kannst, ist das eine große Fähigkeit für einen Begleiter und wird dich zu einem extrem vielseitigen Rhythmusgitarristen machen.

Der Trick, den „Swing" eines Schlagzeugers nachzuahmen, besteht darin, das Plektrum so *zu drehen*, dass er die Saiten kreuzt. Ich drehe das Plektrum gerne so, dass seine Vorderkante auf meine linke Schulter zeigt. In dieser Position ist anstelle der flachen Kante des Plektrums, der auf die Saiten trifft, die gebogene Kante das Teil, das den Kontakt herstellt. Andere Gitarristen drehen das Plektrum so, dass die Vorderkante nach unten zu ihren Knien zeigt, also experimentiere mit dem, was sich für dich am besten anfühlt.

Beginnen wir mit dem Erlernen des Strumming-Pattern und dem Gefühl, dass du die Besen des Schlagzeugers nachahmen wirst. Wenn das Plektrum wie oben beschrieben abgewinkelt ist, spiele zwei 1/4-Note Down-Strums, gefolgt von einem schnellen, leichten, weichen Up-Strum auf dem zweiten Off-Beat.

Beginne mit dem Fingersatz eines Bm7-Akkords, drücke die Saiten aber nicht bis zum Bundstäbchen. Wenn du spielst, achte darauf, keine offenen Saiten zu treffen, und du wirst einen dumpfen perkussiven Effekt erzeugen. Diese rhythmische Technik ist ein Grund, warum ich dazu tendiere, diese kleinen Akkordfragmente zu verwenden und volle Barré-Akkorde zu vermeiden. Das Greifen von Akkorden auf diese Weise hilft wirklich, unerwünschte Saiten vom Klingen abzuhalten und gibt mir viel Kontrolle über meine Dynamik. Vergiss nicht, dass alles auf den unteren vier Saiten gespielt wird!

Spiele einen Bm7-Akkord und höre dir das kratzige Gefühl beim Upstroke an. Du willst keine der gedämpften Saiten einzeln hören. Achte stattdessen auf einen besenartigen Effekt, so dass die Saiten ineinander übergehen, wenn die Kante des Plektrums über sie gleitet. Spiele leise, bis du das Rascheln hörst und versuche, mein Gefühl auf der Audiospur wiederzugeben.

Beispiel 5a:

Probiere diesen Rhythmus nun auf einem gut gegriffenen Bm7 aus. Die Akkorde auf jedem Takt sollten stark sein, aber lass den Druck zwischen jedem Strum los, um sie stakkato zu machen. Lass auch den Druck auf den Upstroke los, um den gedämpften Scratch zu spielen. Spiel leise!

Beispiel 5b:

Wenn du das Feeling auf der Audiospur anpassen kannst, wende den Rhythmus auf die III VI II V Progression an.

Beispiel 5c:

Fügen wir nun den Walking Bass wieder hinzu, zusammen mit den harmonisierten Akkorden auf den chromatischen Annäherungsnoten. Spiele die Up-Strums weiter auf den Off-Beats.

Beispiel 5d:

Wenn du das verinnerlicht hast, spiele den Rhythmus in der gesamten Sequenz ab, wie unten gezeigt.

Beispiel 5e:

Wenn du dich sicherer fühlst, beginne, einige der Substitutionen einzubringen, die wir in früheren Kapiteln behandelt haben. Die folgenden vier Beispiele wenden den Besen-Rhythmus auf andere Ideen an, die wir behandelt haben.

Beispiel 5f:

Beispiel 5g:

Beispiel 5h:

Beispiel 5i:

Füge nun einige dieser Beispiele zu einem längeren Stück zusammen.

Beispiel 5j:

Bevor wir schließlich weitermachen, transponiere die Akkordfolge in die Tonart F-Dur, um dich selbst zu testen. Ich habe es hier in seiner Grundform gezeigt, aber du solltest alle Substitutionen anwenden, die du in der Tonart G-Dur studiert hast.

Beispiel 5k:

Dies war ein kurzes Kapitel, aber es ist ein wichtiges. Das Gefühl der Besen muss unbedingt gemeistert werden, da dies deinem Spiel ein unverwechselbares rhythmisches Element verleiht, das andere Instrumente nicht kopieren können. Wenn du dieses Gefühl geübt hast, wirst du wie ein Gitarrist, Schlagzeuger und Bassist zugleich klingen!

Im nächsten Kapitel werden wir uns damit befassen, wie man der Bassline ein wenig rhythmisches Interesse hinzufügen kann.

Kapitel Sechs – Walking Bass Variationen

Wir haben nun viele der Elemente des Spielens einer Walking Bassline auf der Gitarre behandelt, und in diesem Kapitel werfen wir einen Blick auf einige der Ideen, die dir helfen werden, mit deinem Rhythmus und deiner Textur kreativer zu werden. Wir erforschen, wie man Walking Bass mit „Two"-Feeling spielt, wie man am eingestaubten Ende des Griffbretts spielt, wie man ein wenig Melodie hinzufügt und wie man ein Minimum an Akkorden spielt, während man gleichzeitig die Harmonie der Melodie festlegt.

Einige dieser Ideen sind weniger greifbar als andere und werden sich mit der Praxis weiterentwickeln. Bei ihnen geht es oft um Gefühle, was ich in diesem Buch nicht lehren kann. Das Geheimnis der Entwicklung eines großartigen Gefühls ist es, auf seine Lieblingsmusiker (in diesem Fall vor allem Bassisten) zu hören und so oft wie möglich mit anderen Menschen zu spielen.

Wir beginnen mit einem der greifbarsten Elemente der Textur: dem Spielen im „Two-Feeling".

Bisher haben wir mit vier geraden Bassnoten in jedem Takt den Walking Bass gespielt, aber jetzt werden wir das variieren und einen anderen Rhythmus verwenden, um die Grundnoten auf den Taktschlägen 1 und 3 zu betonen.

Der Trick besteht darin, die chromatische Annäherungsnote bis *kurz vor die* Zielnote zu verzögern. Der Zuhörer beginnt, die Bassline in „Zweier-Phrasen" zu hören, und es ist fast so, als hätten wir ein Half-Time-Gefühl geschaffen. Es ist ein großartiger Effekt und alles, was wir tun müssen, um ihn zu erreichen, ist die Verzögerung der chromatischen Annäherungsnote.

Hör dir den Audiotrack an, bevor du Beispiel 6a spielst, und du wirst sofort eine Vorstellung davon bekommen. Beginne mit chromatischen Annäherungsnoten von oben auf jedem Akkord und spiele vorerst nur die Bassline. Wir werden die Akkorde später wieder hinzufügen.

Beispiel 6a:

Wende nun den gleichen Rhythmus auf die Sequenz III VI II V an und verwende einen chromatischen Ansatz von unten.

Beispiel 6b:

Verbinden wir diese beiden Sequenzen miteinander und harmonisieren wir jede Bassnote, einschließlich der chromatischen Ansätze.

Beispiel 6c:

Diesmal harmonisiere nicht mit der Annäherungsnote und synkopiere den Akkord so, dass er auf den Off-Beat fällt. Dies erzeugt ein großartiges Gefühl und ist entscheidend für den Stil.

Beispiel 6d:

Jetzt, wo du das „Two-Feeling" (Zweier) verinnerlicht hast, ist es an der Zeit, es mit der „Four-to-the-Bar" Walking Bassline (Vierer) zu kombinieren. Vergiss jetzt die Akkorde und übe, dich zwischen Zweier- und Vierer-Feeling zu bewegen. Es gibt unendlich viele Möglichkeiten, dies zu tun, aber hier sind ein paar Beispiele, um dich in Schwung zu bringen.

Beispiel 6e:

Das vorherige Beispiel gab dir einen vorhersehbaren Ort, um von Zwei auf Vier zu wechseln, aber ich mache es gerne auch in der Mitte der Sequenz. Hier ist eine Idee, die sich auf dem Am7 im Vierer-Feeling bewegt.

Beispiel 6f:

Wenn du mit diesem Gefühl vertraut bist, füge die synkopierten Akkorde wieder hinzu. Hier ist eine weitere Möglichkeit, von Zwei zu Vier zu wechseln, jetzt mit den Akkorden, die auf den Off-Beats gespielt werden.

Beispiel 6g:

Natürlich gibt es unbegrenzte Möglichkeiten, Akkorde im Taktschlag zu kombinieren, Akkorde außerhalb des Taktschlags, in Vierern, in Zweiern und unbegleitete Basslinien zu spielen. Es liegt an dir, kreativ zu werden und so viele Permutationen wie möglich auszuprobieren. Die folgende Idee wird dir den Einstieg erleichtern. Es ist eine achttaktige Phrase, die alle oben genannten Ansätze vermischt. Nutze sie als Grundlage für deine eigene Erkundung und schau, wie viele Ideen du entwickeln kannst. Setze ein Metronom ein und konzentriere dich auf deinen Groove.

Beispiel 6h:

Hoch-Register-Basslinen

Ab und zu ist es toll, das staubige Ende des Griffbrettes zu erkunden, also schauen wir uns einige Ideen an, die über dem 12. Bund funktionieren. Natürlich können diese Ideen schwer zu spielen sein, je nachdem, welche Art von Gitarre du besitzt, aber sie sollten auf den meisten Jazzgitarren machbar sein.

Ein Wort zur Warnung: Verwende diese Ideen nicht ständig. Du musst dir deinen Moment aussuchen, denn die hohe „Bassline" könnte anfangen, das zu stören, was ein Sänger oder Solist tut.

Die folgenden Ideen basieren alle auf der gleichen Akkordfolge I VI II V / III VI II V, werden aber hoch oben am Hals gespielt. Sie sollten inzwischen nicht mehr allzu viel Erklärung benötigen, da sie die gleichen Konzepte verwenden, die wir in früheren Kapiteln besprochen haben, also lerne sie einfach kennen und erforsche jeden Ansatz, um ihn zu deinem eigenen zu machen.

Die erste Idee beginnt am 10. Bund und steigt allmählich den Hals herab.

Beispiel 6i:

Die nächste Idee beginnt mit dem B (Akkord III) am 14. Bund und fällt auf das G am 12. Bund.

Beispiel 6j:

Diese Route um die Wechsel beginnt am 15. Bund und zielt auf das E am 19. Bund. Es könnte einfacher sein, es zunächst nur als Bassline zu spielen und später Akkorde hinzuzufügen.

Beispiel 6k:

Grundton und Dezimen

Für eine Änderung der Textur ist es möglich, sich vom Spielen voller Akkorde zu lösen und stattdessen den Grundton und die Dezime (10.) und Terz (3.) eines Akkords zu spielen. Für einen umfassenden Leitfaden zu dieser Technik schau dir mein Buch *Beyond Chord Melody* an, in dem ich mich intensiv mit dem Bau von Melodien mit diesen Formen beschäftige. Im Moment gibt es hier einen kurzen Überblick.

Anstatt tief in die Theorie einzusteigen, denke ich, dass es am besten ist, dir nur ein paar praktische Beispiele zu zeigen, wo ich der zweiten Saite eine Melodie hinzufüge.

Die erste Idee beginnt mit dem Bm7-Akkord und während sich die Bassnote auf F bewegt (chromatisch über der Zielnote von E), füge ich eine G-Melodienote auf dem 8. Bund auf der zweiten Saite hinzu. Diese Melodie steigt einen Halbton nach G# auf, während die Bassnote nach E absteigt. Die beiden Noten bilden zusammen einen E7-Akkord. Ich wiederhole dann den Prozess, nachdem ich mich dem A7 in Takt Zwei von einer chromatischen Note oben genähert habe.

Achte besonders auf dieses Beispiel, da es ein häufiges Merkmal meines Spiels ist, und obwohl die Griffweise etwas ungewohnt ist, ist diese gegenläufige Bewegung für dein Publikum ziemlich fesselnd.

Beispiel 6l:

Das folgende Beispiel ist einfacher und wird wieder beginnend mit einem Bm-Akkord gespielt, diesmal oben am Hals. Beachte, dass ich nur zwei Noten auf jedem Akkord spiele. Diese kleine Änderung hilft, die Melodie zu betonen und dem Harmonieteil mehr Raum zu geben.

Beispiel 6m:

Das letzte Beispiel in 10. umreißt die Akkorde GMaj7, Em7, Am7 und D7, wobei die ersten drei Akkorde von einem Halbton unten angegangen werden und alle mit einem Grundton auf der fünften Saite gespielt werden. Das D7 wird mit einem Halbton oberhalb gegriffen und von der sechsten Saite gespielt. Wie du hören kannst, müssen wir keine komplexen Ideen spielen, um den Akkorden Raum zum Atmen zu geben und zusätzliches Interesse zu wecken.

Beispiel 6n:

Dieser Grundton- und Dezimen-Ansatz ist ein großer Teil meines Chord Melody-Stils, also ermutige ich dich, mein Buch *Beyond Chord Melody* zu lesen, das es ausführlich erklärt. Im Zusammenhang mit dem Spielen einer Walking Bassline sind diese Voicings jedoch noch eine weitere Möglichkeit, die Monotonie des Gitarrenteils aufzubrechen.

Bevor du fortfährst, versuche den folgenden Vorschlag.

Plane deinen gesamten Walking Bass-Teil mit 32 oder sogar 64 Takten. Verwende eine Tabulatur und notiere dir die Grundtöne, die du verwenden wirst, und fixiere deine „geografischen" Positionen auf der Gitarre. Notiere dir dann über jeder vier- oder achttaktigen Phrase, welche Textur oder welchen Rhythmus du verwenden wirst. Versuche, einen Part aus einer unbegleiteten Bassline bis hin zu einem regen Bass- und Melodiepart aufzubauen und ihn dann wieder nach unten zu bringen.

Die Texturen und Rhythmen, die wir abgedeckt haben, sind:

- Nur Walking Bass

- Jeder Bassklang harmonisiert auf den Taktschlag

- Nur Zielakkorde, die im Taktschlag mit einer Walking Bassline harmonisiert sind

- Jede Bassnote mit einem synkopierten Akkord

- Nur Zielakkorde, die mit synkopierten Akkorden und einer Walking Bassline harmonisiert sind

- Harmonisierung nur mit Grundtönen und 10

- Im Vierer-Feeling spielen

- In Zweier-Feeling spielen

- Mit einem Plektrum spielen, um Besen des Schlagzeugs zu imitieren

- Lauter Bass / Ruhige Akkorde

- Ruhige Bässe / Laute Akkorde

Viele der Elemente auf der obigen Liste können kombiniert werden, so dass es dir nie an Ideen fehlen sollte. Schnapp dir ein leeres Stück Papier und komponiere deinen Walking Bass-Teil, lerne ihn, dann komponiere einen anderen. Allmählich werden alle Ideen verinnerlicht und du wirst in der Lage sein, diese Teile unbewusst zu improvisieren.

Wir werden im nächsten Kapitel ein paar weitere Ideen in den Mix aufnehmen, also stelle sicher, dass du diese Ideen verinnerlicht hast, bevor du weitermachst.

Kapitel Sieben – Jazz-Skips

In diesem Kapitel werde ich dir zwei schöne rhythmische Variationen beibringen, die ich beim Spielen von Walking Bass verwende: Jazz-Bass-Skips und Daumen-Flicks.

Jazz-Bass-Skips sind die eine rhythmische Idee, nach der ich *immer* gefragt werde, wenn ich Walking Basslines unterrichte. Es handelt sich um eine spezielle Triolen-Rhythmusidee, die Kontrabassisten oft zu ihren Linien hinzufügen, um großen Groove und Interesse zu erzeugen. Sie klingen *fantastisch* und, während die meisten Leute denken, dass sie eine Art Branchengeheimnis sind, ist der Skip eigentlich ganz einfach.

Der Skip ist eine *Triolen-Beugung,* die du einbringen kannst, um die Regelmäßigkeit der 1/4-Noten-Bassline zu unterbrechen. Die meisten Leute denken, dass ich mit meiner Notenwahl hier etwas sehr Kluges mache, aber wie du sehen wirst, ist das alles eine clevere Illusion! Während die Technik jedoch unkompliziert ist, wie bei allem in der Musik, dreht sich hier alles um das Gefühl. Du *musst* Jazz-Bassisten zuhören und in die Musik eintauchen, um den Groove unter die Haut zu bekommen.

Um einen Jazz-Bass-Skip durchzuführen, füge ich einfach eine *gedämpfte* Triole auf den Noten des Akkords hinzu. Mit anderen Worten, ich zupfe die Bassnote normalerweise mit dem Daumen, dann entspanne ich den Druck mit den Fingern auf den mittleren Saiten, um die Noten zu dämpfen und sie mit dem Zeige- und Ringfinger meiner zupfenden Hand zu wickeln.

Wie beim Erlernen einer neuen Fertigkeit, lass uns die Bewegung isolieren, bevor wir sie in den Verlauf des Turnaround-Akkords zurückführen.

Beginne, indem du einen Bm7-Akkord gedrückt hältst. Binde die Grundtöne normal und lass die anderen Finger einfach die dritte und vierte Saite berühren, um sie zu dämpfen. Da dieser Akkord am 7. Bund gespielt wird, kann es vorkommen, dass du versehentlich ein paar harmonische Noten erzeugst, wenn du versuchst, die Saiten stumm zu schalten. In diesem Fall musst du sehr viel stärker drücken.

Spiele eine Triole mit Daumen, Zeige- und Mittelfinger, wie unten gezeigt. Wiederhole die Triole viermal, um einen ganzen Takt abzuschließen. Höre genau zu – die Bassnote sollte normal klingen und die mittleren Saiten sollten gedämpft sein. Passe deine Hand an, wenn du anfängst, Beitöne zu hören. Wiederhole das so lange, bis du es richtig gemacht hast.

Beispiel 7a:

Wenn du das intus hast, lernen wir, wie man über ein chromatisches F7 in den E7-Akkord wechselt. Vorerst sind die Akkorde F7 und E7 für einen vollen Taktschlag. Wiederhole dies, bis es sitzt.

Beispiel 7b:

Als nächstes spiele dasselbe, aber füge den Skip zum E7-Akkord hinzu und spiele Bb7 direkt danach weiter.

Beispiel 7c:

Jetzt bist du bereit, dieses Muster durch die gesamte Turnaround-Sequenz zu ziehen. Spiele einen gedämpften Triolen-Skip auf jedem der Zielakkorde und spiele die Annäherungsakkorde als anhaltende 1/4-Noten.

Beispiel 7d:

Die vorhergehenden Beispiele werden dir helfen, das Gefühl des Triolen-Skips zu beherrschen. Natürlich übertreiben wir es im Moment, um die Technik wirklich zu verinnerlichen. Bald werden wir diese Ideen viel geschmackvoller klingen lassen, aber zuerst wollen wir versuchen, den Skip an verschiedenen Stellen zu platzieren.

Zuerst möchte ich dir jedoch eine Zupftechnik vorstellen, die ich anwende, wenn die Musik zu schnell ist für die „Daumen und gedämpfte mittlere Saite"- Skips, die wir in den vorherigen vier Beispielen verwendet haben. Ich spiele die Triole häufig als „Daumen-Mittelsaiten-Daumen". Die erste Bassnote der Triole wird normal gespielt, dann werden die Mittelsaiten und die letzte (Daumen-)Bassnote gedämpft. Wir werden diese Technik für die nächsten Beispiele verwenden und du wirst es einfacher finden, im Tempo zu spielen.

Im vorherigen Beispiel haben wir den Skip auf die Zielakkorde gespielt. Platzieren wir ihn nun auf den chromatischen Annäherungsakkorden. Verwende wieder vollständig gehaltene Akkorde (keine Synkopierung), aber diesmal beginne bei G7.

Beispiel 7e:

Wenn du das drauf hast, wiederhole die vorherige Idee und führe die Synkopierung wieder ein, so dass alle Zielakkorde auf den Off-Beats gespielt werden.

Beispiel 7f:

Lass uns das schließlich umkehren, so dass die Skips auf den Zielakkorden gespielt werden und die Annäherungsakkorde synkopiert werden. Spiele die Sequenz von Bm7 durch und du wirst feststellen, dass sich diese Idee etwas unangenehmer anfühlen kann. Stelle sicher, dass jeder Basston gleichmäßig ist und eine gleichmäßige Lautstärke hat – es ist leicht, versehentlich zu viele Noten zu dämpfen.

Beispiel 7g:

Du musst nicht unbedingt die Ideen in Beispiel 7g zu oft spielen, aber es ist ein kleiner Fingerdreher, der kreiert wurde, um dir zu helfen, dich auf die Klarheit der Bassline zu konzentrieren. Spiele ihn langsam und aufmerksam.

Es ist auch möglich, zwei Skips hintereinander zu spielen. Im folgenden Beispiel füge ich die Skips zu den Akkorden Am7 und Eb7 hinzu, bevor ich auf dem Akkord D7 lande. Übe dies mit und ohne synkopierte Akkorde auf den Off-Beats.

Beispiel 7h:

Inzwischen beginnst du sicher, die Idee zu verstehen. Skips können an jeder Stelle der Sequenz hinzugefügt werden, um die rhythmische Monotonie der Bassline aufzubrechen und das Publikum einzubeziehen. Sie helfen auch, etwas Energie in den Rhythmusteil einzubringen und den Solisten zu inspirieren.

Wie bei den meisten Dingen ist weniger mehr, also überspiele diese Ideen nicht. Sie werden viel effektiver sein, wenn der Zuhörer sie nicht erwartet.

Die folgenden drei Ideen fügen Skips zu verschiedenen Akkordtexturen hinzu, um dir verschiedene Möglichkeiten der Einführung zu zeigen. Die erste wird beim Spielen einer unbegleiteten Bassline eingeführt.

Beispiel 7i:

Hier ist eine Idee, die 90 % Bassline ist. Ich spiele einen Skip spät in der Sequenz auf dem Am7 und folge ihm mit einem einzigen synkopierten Akkord auf dem D7.

Dieses Beispiel lehrt dich auch ein wichtiges Zupfmuster, mit dem ich den gedämpften Triolen-Skip spiele. Diesmal spiele ich die erste Note der Triole mit dem Daumen, dann die zweite Note auf der gedämpften dritten Saite und die letzte Note auf der gedämpften vierten Saite. Diese Technik ist ähnlich wie die Art und Weise, wie ein klassischer Gitarrist die Technik angehen würde und, wenn sie mit den anderen beiden Ansätzen kombiniert wird, die ich dir zuvor gezeigt habe, gibt sie dir eine sehr verschiedene Art und Weise, dich dem Spielen von Walking Basslines zu nähern. So wirst du eine Menge subtiler Nuancen erzeugen können.

Beispiel 7j:

Hier ist schließlich noch eine Idee, die mit unsynkopierten Akkorden beginnt, bis ich einen Skip auf dem Bb7 hinzufüge. Danach spiele ich synkopierte Akkorde mit Ausnahme der isolierten Bassline auf der Note Eb. Der Skip hilft, ein wenig Energie hinzuzufügen und fördert den Übergang von 1/4-Note zu synkopierten Akkorden.

Beispiel 7k:

Der Schlüssel zu all diesen Techniken ist es, sie einfach stundenlang zu spielen. Du musst sie verinnerlichen und ein Gefühl dafür entwickeln, wo sie gespielt werden sollen. Das Anhören der Musik großartiger Musiker ist das Wichtigste, was du tun kannst, also schau dir die empfohlenen Hörproben am Ende dieses Buches an. Die Ideen klingen ziemlich langweilig, wenn man sie gerade spielt, aber sie werden wirklich lebendig, wenn man einen tiefen Jazz-Swing hinzufügt.

Hier ist ein 16-Takt Beispiel dafür, wie ich diese Ideen mit einem starken Swing spiele. Versuche, mein Gefühl so weit wie möglich zu kopieren.

Beispiel 7l:

Im nächsten Abschnitt werden wir uns mit einer Technik befassen, die einzigartig in meinem Stil zu sein scheint und eine effektive Möglichkeit ist, den gehenden Basslines perkussivere Rhythmen und Melodien hinzuzufügen.

Kapitel Acht – Daumen-Flicks

Wenn du jeden Fingerstyle oder klassische Gitarre gespielt hast, wurde dir wahrscheinlich gesagt, dass du niemals einen Aufschlag mit dem Daumen spielen solltest. Nun, ich werde dir zeigen, wie du diese Regel jetzt gleich brichst! Ich mache diese Daumen-Flicks seit Jahren und sie sind zu einem integralen Bestandteil meines Sounds geworden.

Alles, was du dazu tun musst, ist ein leichtes Aufwärtsdrehen des Daumens auf eine gedämpfte Saite, um einen perkussiven Effekt zu erzeugen, kurz bevor du auf einer richtig gegriffenen Note landest. Es hilft sehr, wenn du ein wenig Daumennagel hast, da du dann in der Lage bist, ein wenig mehr in die Saiten zu greifen und einen echten „Snap“-Sound zu erzeugen.

Um diese Technik zu erlernen, hör dir Beispiel 8a an, bevor du sie spielst. Spiele das G am 10. Bund und das F am 8. Bund normal, aber bevor du das E spielst, entspanne die Finger der greifenden Hand, um den 8. Bund zu dämpfen, und schnippe deinen Daumennagel nach oben in die 5. Saite.

Das funktioniert besser, wenn deine Zupffinger leicht in Richtung Gitarre wie bei einem klassischen Gitarristen weisen. Wenn du ein flaches Handgelenk hast, wie ein Rockgitarrist, kannst du dich ein wenig abmühen.

Beispiel 8a:

Füge nun den Flick zu allen drei Noten hinzu.

Beispiel 8b:

Erweitere die Übung und spiele den Daumen-Flick vor jeder Bassnote in der Sequenz. Füge noch keine Akkorde hinzu, bleib bei der Solo-Bassline.

Beispiel 8c:

Bevor du fortfährst, versuche die Übung noch einmal, aber diesmal spiele nur den Flick nach einem Zielakkordton, d. h. nach G, E, A und D.

Beispiel 8d:

Du wirst feststellen, dass es eine kleine Herausforderung sein kann, wenn du die Saite von der fünften auf die sechste wechseln musst, nachdem du einen Flick gespielt hast. Die Lösung ist, mit dem Daumen weit genug zu schnippen, so dass er tatsächlich die sechste Saite kreuzt, damit du in der Lage bist, die Bassnote mit einem Down-Pick zu spielen. Es hilft auch, den Daumen sehr locker zu halten.

Um deinen Daumen zu entspannen, lege die Fingerspitzen deiner zupfenden Hand auf die höheren Saiten und schau, wie schnell du die sechste Saite mit dem Daumennagel „kitzeln" kannst. Je mehr du dich entspannst, desto schneller und lauter kannst du spielen.

Jetzt, da du den Dreh raus hast, fügen wir die Akkorde wieder ein. Im folgenden Beispiel spiele ich gerade Akkorde (keine Synkopierung) auf dem G, E, A und D, stelle aber fest, dass ich nicht jede Annäherungsnote harmonisiere und ihr mit einem Daumen-Flick folge, kurz vor der Landung auf dem Zielakkord.

Beispiel 8e:

Beispiel 8f ist im Großen und Ganzen ähnlich, aber jetzt synkopiere ich einige der Akkorde, während ich die Daumen-Flicks auf unbegleiteten Bassnoten beibehalte.

Beispiel 8f:

Wie bei Jazz-Skips ist es leicht, Daumen-Flicks beim ersten Start zu überspielen, aber es ist eine knifflige kleine Sache, die man einführen muss, so dass ein wenig Übertreibung wahrscheinlich eine gute Sache ist, wenn man sie zum ersten Mal lernt. Wie du herausgefunden hast, gibt es viele Routen um die Akkordwechsel und viele verschiedene Texturen, die du verwenden kannst. Denke also an all die verschiedenen Rhythmen, die wir abgedeckt haben, und gehe die vorherigen Kapitel durch, um den gelegentlichen Daumen-Flick anzuwenden, wo du es für angebracht hältst.

So wie wir im vorherigen Kapitel einen Triolen-Skip mit den Fingern durchgeführt haben, können wir ihn auch mit dem Daumen spielen. Es fühlt sich zunächst etwas unangenehm an und es ist wichtig, die „Pick-Richtung" richtig einzustellen. Nach sorgfältiger Analyse habe ich festgestellt, dass ich fast immer die Triolen mit der Sequenz „down up down" spiele und einen weiteren Down Pick, um auf dem Beat der folgenden Bassnote zu landen.

Dies ist in einem notierten Beispiel einfacher zu zeigen, also achte sorgfältig auf die Pick-Richtungen unten und hör genau auf das Feeling der Audiospur.

Beispiel 8g:

Es ist wichtig, dass du die Note immer auf dem Beat mit einem Down-Pick spielst, also selbst wenn der oben angezeigte Pick-Vorschlag für dich nicht funktioniert, stelle sicher, dass du auf einem Abschlag landest, wenn du aus der Triole kommst.

Versuche, den Triolen-Daumen-Skip zu den Noten E und D in der Progression I VI II V hinzuzufügen. Achte auf dein Picking.

Beispiel 8h:

Eine fortgeschrittene Idee, die du vielleicht ausprobieren möchtest, ist, in der Zupfhand den Daumen-Flick mit dem Triolen-Skip aus dem vorherigen Kapitel zu kombinieren. Hier sind drei Möglichkeiten, wie du dich dem nähern kannst.

Beispiel 8i:

Beispiel 8j:

Beispiel 8k:

Es gibt viele verschiedene Möglichkeiten, wie man diese rhythmischen Ideen platzieren kann, daher ist es wichtig, kreativ zu werden. Ich mag es, sehr logisch vorzugehen, wenn ich spiele, also wechsele ich durch, wo ich die Triolen-Skips und -Flicks platziere. Zum Beispiel könnte ich zuerst einen Skip auf Akkord I spielen und daran 5 Minuten lang arbeiten. Dann werde ich den Skip auf die Akkorde I und VI legen und daran arbeiten. Als nächstes werde ich einen Skip nur auf Akkord VI setzen, bevor ich einen Flick vor Akkord I hinzufüge.

Du verstehst, was ich meine!

Du musst nicht jede Permutation durcharbeiten, sonst würdest du ein Leben lang damit verbringen, aber was du feststellen wirst, ist, dass du nach ein paar Stunden konzentrierter Übung einfach das spielen kannst, was du hörst. Das ist das Ziel für alle Musiker, aber es bedarf eines ernsthaften intensiven Übens!

Im folgenden Kapitel werden wir uns einige neue Bassline-Patterns ansehen, mit denen wir der Musik andere Dynamik und Gefühl verleihen können.

Kapitel Neun – Dekorierte Basslines

Bislang haben wir uns jeder Zielnote Schritt für Schritt in 1/4-Noten genähert, entweder von einem Halbton ober- oder unterhalb.

In diesem Kapitel zeige ich dir einige Patterns, mit denen du den 1/4-Noten-Rhythmus aufbrechen und dich der Zielbassnote auf neue Weise nähern kannst. Diese Ideen werden als *chromatische Annäherungsnoten-Muster* bezeichnet und werden häufig von Jazzgitarristen verwendet, um Arpeggios zu dekorieren, wenn sie solo spielen.

Wir haben die beiden gebräuchlichsten chromatischen Annäherungsnoten-Muster – den Halbton von oben und den Halbton von unten – behandelt, aber es gibt noch viel mehr Möglichkeiten, die Grundtonhöhe zu bestimmen. Diese Muster enthalten normalerweise mehr als eine Annäherungsnote, so dass sie oft in 1/16tel Noten gespielt und in den verfügbaren Platz vor der Zielnote „eingepfercht" werden. Um diese schnelleren Phrasen auszuführen, benutze ich eher einen Daumen-Flick.

Das erste chromatische Annäherungsnoten-Muster, das wir lernen werden, ist, einen Ton über der Zielnote zu beginnen und in Halbtönen abzusteigen.

Beispiel 9a:

Ebenso könntest du mit dem gleichen Muster und Rhythmus aufsteigen.

Beispiel 9b:

Und natürlich kannst du beide Richtungen kombinieren.

Beispiel 9c:

Versuche, der Note unmittelbar vor dem Zielakkord einen harmonisierten Akkord hinzuzufügen. Verbringe Zeit damit, zu experimentieren, mit welchen Noten du harmonisierst. Du kannst alle oder keine von ihnen harmonisieren! Hier ist ein Beispiel mit aufsteigenden Annäherungsnoten.

Beispiel 9d:

Hier ist ein anderes chromatisches Annäherungsnoten-Muster, das mit dem Ton über dem Ziel beginnt, dann zum Halbton unter dem Ziel übergeht und dann zum Grundton auflöst. Spiele es zuerst ohne Akkorde:

Beispiel 9e:

Füge nun Akkorde auf den Zielnoten hinzu.

Beispiel 9f:

Kehren wir das Muster um, um den Halbton unter der Zielnote zu spielen, bevor wir einen Ton darüber spielen. Lerne dies zuerst als Solo-Bassline.

Beispiel 9g:

Führe die Akkorde wieder in die Sequenz ein.

Beispiel 9h:

Die nächste „Stufe" ist das Spielen von chromatischen Annäherungsnoten in konstanten 1/8-Noten, und es gibt ein paar wichtige Muster, die du kennen solltest.

Das erste ist „Ton oberhalb, Halbton oberhalb, Halbton unterhalb". Dies ist einfacher zu hören und zu sehen in der Notation, als es zu beschreiben ist, also hör dir den folgenden Audiotrack an und spiele ihn dann mit. Lerne wie immer zuerst die Bassline, bevor du Akkorde hinzufügst.

Beispiel 9i:

Füge nun die Akkorde an geeigneten Stellen hinzu.

Beispiel 9j:

Das letzte wichtige Muster, das man kennen sollte, ist „Halbton unterhalb, Ton oberhalb, Halbton oberhalb". Lerne es auf einer Solo-Bassline, bevor du Akkorde hinzufügst.

Beispiel 9k:

Beispiel 9l:

Wie du wahrscheinlich hören kannst, klingen diese Basslines sehr „markant", daher ist es wichtig, sie nicht zu oft zu verwenden. Damit sie wirklich funktionieren, geht es darum, sie subtil zu einer Bassline hinzuzufügen, die natürlich in 1/4-Noten läuft.

In den folgenden drei Beispielen spiele ich Standard Walking Basslines mit synkopierten und un-synkopierten Akkorden, und gelegentlich füge ich ein chromatisches Annäherungsnoten-Muster hinzu. Beachte, dass, wenn ich einen synkopierten Akkord spiele, es keine Zeit gibt, eine 1/8-Noten-Idee zu verwenden.

Beispiel 9m:

Beispiel 9n:

Beispiel 9o:

Verbringe Zeit damit, mit diesen Basslines kreativ zu werden und überlege dir sorgfältig, welche Möglichkeiten dir zur Verfügung stehen. Du kannst synkopierte oder ungewöhnliche Akkorde spielen, Skips und Flicks hinzufügen oder jede andere Technik, die wir im Buch behandelt haben. Überlege, ob du nur die Zielakkorde oder auch die Annäherungsnoten harmonisieren willst.

Während die schnelleren chromatischen Annäherungsnoten-Muster als Effekt verwendet werden, wenn wir zwei Akkorde in einem Takt spielen, sind sie eine gute Grundlage für die Bildung von Walking Basslines, wenn wir Akkorde für längere Zeit spielen.

Im nächsten Kapitel werde ich dir einige neue Ansätze zeigen, wenn wir Walking Bass auf einem Akkord spielen, der einen ganzen Takt dauert.

Kapitel Zehn – Walking Bass in den Takt

Wir haben in den letzten neun Kapiteln viel abgedeckt, von den Grundlagen des Rhythmuswechsels über einige aufregende rhythmische Gefühle und chromatische Ideen. Bisher basierte alles auf dem Spielen, wenn sich zwei Akkorde im Takt befinden. Nun, was passiert, wenn es nur einen Akkord im Takt gibt und wir für vier Schläge einen Walking Bass spielen müssen?

In diesem Kapitel werde ich dir zeigen, wie du unsere Ideen erweitern kannst, um jeden Akkord abzudecken, der vier Schläge dauert, und dir verschiedene Wege zeigen, zwischen einigen der wichtigsten Akkordfolgen im Jazz zu wechseln.

Beginnen wir mit dem Wechsel von Akkord I zu Akkord IV – dem ersten Akkordwechsel im Blues. In der Tonart von G ist das G7 bis C7.

Die gute Nachricht ist, dass alles, was wir bisher abgedeckt haben, funktioniert, wenn wir uns zwischen diesen Akkorden bewegen, und der einfachste Weg anzufangen, ist, dem G7 eine chromatische „Ausfallschritt"-Idee hinzuzufügen, dann nähern wir uns dem C7 mit einer chromatischen Annäherungsnote von oben oder unten. Du kannst eine ähnliche Idee spielen, wenn du von C7 zurück zu G7 wechselst.

Dies ist viel einfacher zu verstehen, wenn man es spielt.

Beispiel 10a:

Wenn du mit dieser Idee vertraut bist, harmonisiere sowohl die Zielakkorde als auch die unmittelbar vorhergehenden Annäherungsnoten. Verwende die gleiche Akkordqualität für den Annäherungsakkord wie für den Zielakkord. In den ersten beiden Takten spiele ich unsynkopierte Akkorde, aber in den nächsten beiden benutze ich Off-Beat-Akkorde.

Beispiel 10b:

Diese Art von Bewegung ist die Grundlage für das Spielen längerer Walking Basslines, aber natürlich gibt es fast unbegrenzte Wege, die wir zwischen diesen beiden Akkorden gehen können. Der Schlüssel, um diese Linien zu finden, ist, den großen Bassisten zuzuhören und ihre Wege zu kopieren, aber zu Beginn zeige ich dir einige meiner Lieblingsbewegungen.

Achte darauf, welche Bassnoten harmonisiert werden und welche nicht. Das sind keineswegs harte und schnelle Regeln, aber sie sollten dir einen guten Einblick in meinen Stil und die stilistischen Überlegungen des Genres im Allgemeinen geben. Joe Pass war ein Meister dieser Ideen und die Leute denken oft, dass er beim Walking Bass extrem komplexe Akkorde spielt. Aber meistens benutzt er die gleichen dreistimmigen Voicings wie ich. Hör dir sein Spiel genau an und beobachte ihn auf YouTube. Das ist eine ziemlich gute Schule.

Hier sind noch ein paar weitere Möglichkeiten, von G7 nach C7 und zurück zu wechseln. Merke dir diese und entwickle deine eigenen Variationen.

Beispiel 10c:

Beispiel 10d:

Beispiel 10e:

Die nächste Zeile ist eine gängige Idee, die man verwenden sollte, wenn man zwei Takte G7 hat. Beachte, wie es sich zu einem Bm7-Akkord bewegt – einer Umkehrung von G7 am Anfang des zweiten Taktes.

Beispiel 10f:

Das folgende Beispiel zeigt, wie ich gerne einen F7-Akkord ersetze, wenn ich zwei Takte C7 in einem Blues spiele.

Beispiel 10g:

Werfen wir nun einen Blick auf einige Ideen, die ich spiele, wenn ich die „slow turnaround"-Sektion eines Blues angehe. Es ist das gleiche wie die Sequenz I VI II V, die wir hauptsächlich in diesem Buch studiert haben, aber jetzt dauert jeder Akkord einen ganzen Takt lang.

Beispiel 10h:

Beispiel 10i:

Wie du sehen kannst, gibt es grenzenlose Möglichkeiten, sich zwischen einem Akkord und einem anderen zu bewegen. Worauf es wirklich ankommt, ist, den Zielakkord als „Ziel" zu behalten. Solange du ihn im richtigen Takt triffst, wirst du nicht zu weit gehen. Der Rest ist eine Kombination aus Tonleiterschritten (normalerweise aus der Tonart), chromatischen Annäherungsnoten von oben oder unten und chromatischen Annäherungsnoten-Mustern.

Einige Noten der Bassline sind harmonisiert. Wenn du die chromatische Annäherungsnote über oder unter dem Zielakkord harmonisierst, harmonisierst du die Annäherungsnote in der Regel mit der gleichen *Akkordqualität* wie das Ziel.

Wenn du einen Tonleiterschritt harmonisierst, verwende in der Regel den entsprechenden Akkord der harmonisierten übergeordneten Tonleiter. Zum Beispiel, in der Tonart G-Dur, sind die Akkorde folgende

GMaj7, Am7, Bm7, CMaj7, D7, Em7 und F#m7b5.

Wie wir gesehen haben, kann allerdings fast jeder dieser Akkorde seine Qualität ändern. Zum Beispiel wird GMaj7 oft als G7 und Am oft als A7 gespielt. Experimentiere weiter und höre dir guten Jazz an, damit deine Ohren dich leiten.

Der beste Weg, diese Fähigkeiten zu erlernen, ist, im Voraus eine Bassline für deine Melodie zu schreiben und zu versuchen, verschiedene Bassnoten zu harmonisieren. Wenn du einen Minor-7-Akkord versuchst und es nicht funktioniert, versuche einen Dominant-7. Wie ich in diesem Buch betont habe, ist die einzige wirkliche Lösung, den großen Jazzmusikern wie Joe Pass, Bill Evans und allen von mir erwähnten Bassisten zuzuhören und genau hinzuhören, wie sie es machen. Kopiere (klaue) dir deine Basslines und schau, wie du sie harmonisieren kannst.

Natürlich gibt es einige bewährte Walking Basslines, die Teil des Lick-Arsenals von Jazzgitarristen geworden sind. Dies ist ein guter Ausgangspunkt und wird dir helfen, zu lernen, wie eine gute Bassline klingen und sich anfühlen sollte. Wir lernen, eine neue Sprache zu sprechen, indem wir zunächst Standardphrasen verwenden, und das Gleiche gilt für die Musik.

In den nächsten drei Kapiteln habe ich drei Aufnahmen meines Spiels transkribiert. Die erste ist eine Sequenz mit *Rhythmusänderungen* (wie *Oleo* oder *I Got Rhythm*), die zweite ist ein Jazz-Blues (wie *Blue Monk*), und in der dritten spiele ich die Akkordwechsel von *All the Things You Are*, um zu zeigen, wie diese Technik auf jeden Jazzstandard angewendet werden kann. Jedes Stück enthält Abschnitte mit einem Akkord pro Takt. Ich möchte, dass du sie lernst und siehst, wie ich mit jedem umgehe. Du wirst mehr daraus lernen, als ich dir vielleicht zeigen kann, indem ich dir Hunderte von isolierten Optionen gebe.

Ich habe zwei Chorusse von jedem Stück aufgenommen und beim ersten Mal halte ich die Dinge einfach. Bei der Wiederholung gebe ich alles und haue auf den Putz. Bitte nimm meine Ideen und analysiere sie, um zu sehen, wie sie funktionieren.

Viel Glück auf der Reise!

Martin und Joseph.

Kapitel Elf – Jazz Blues

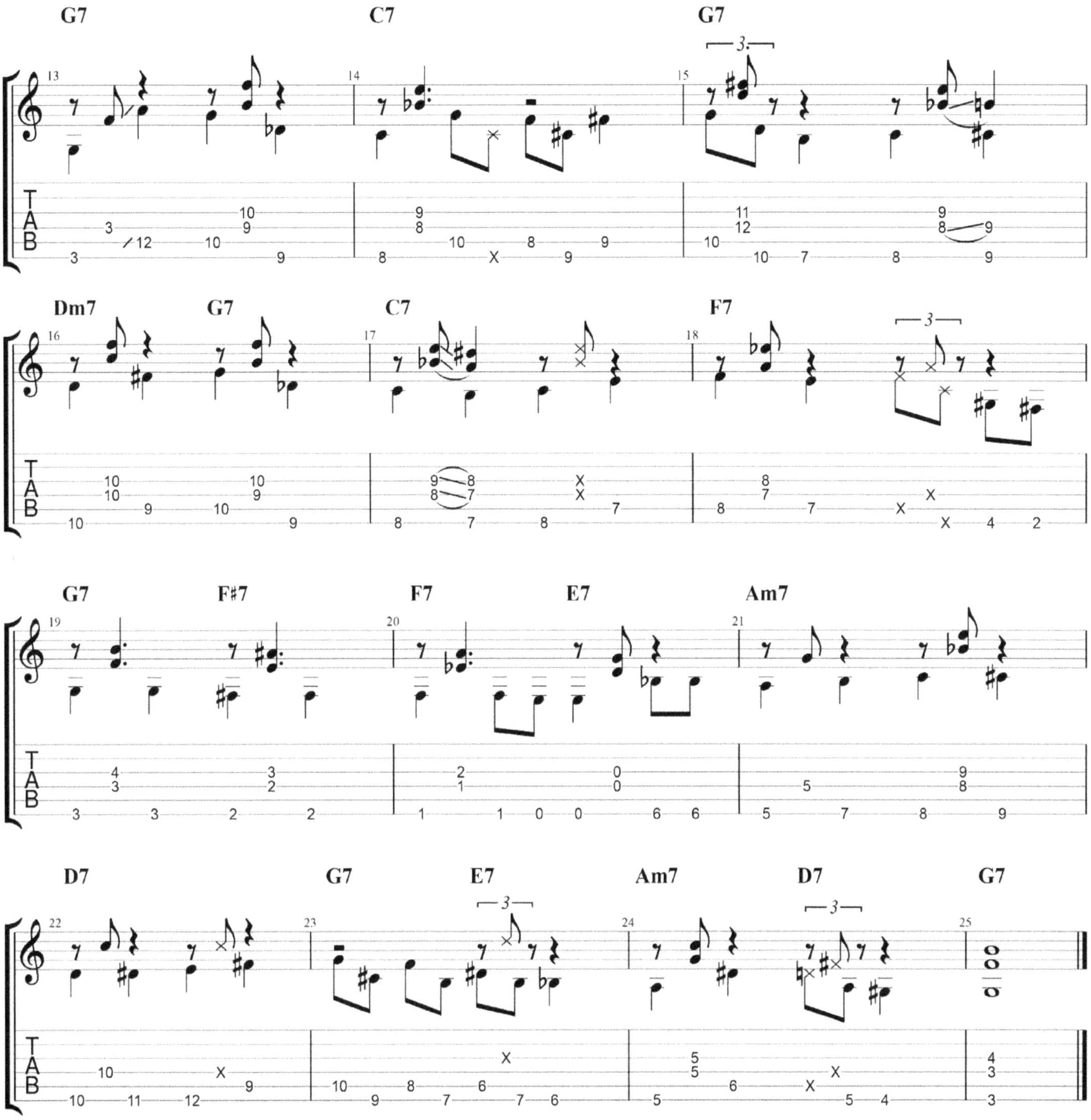

G7 C7 G7
Dm7 G7 C7 F7
G7 F#7 F7 E7 Am7
D7 G7 E7 Am7 D7 G7

Kapitel Zwölf – Autumn Leavers

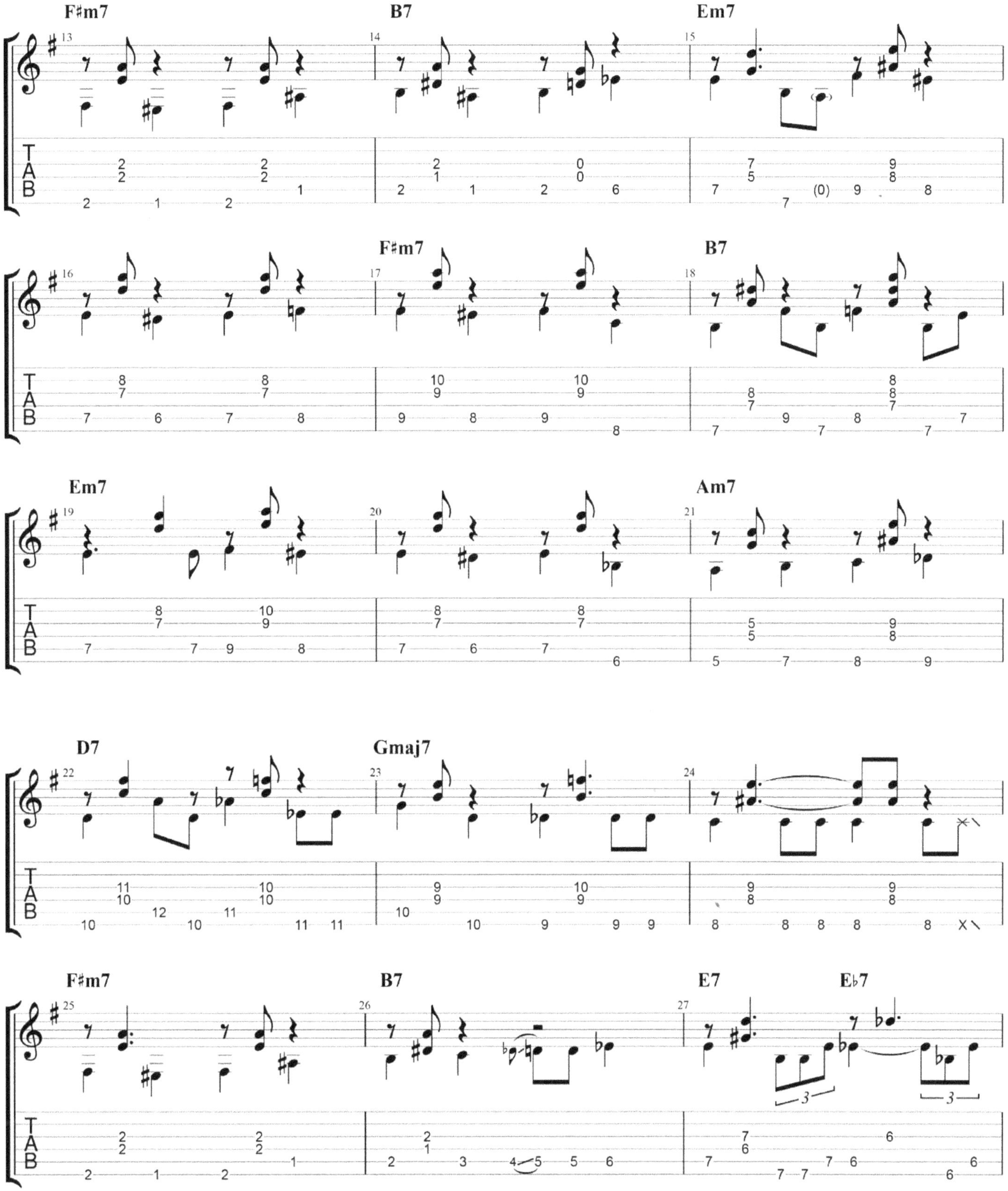
F♯m7
B7
Em7
F♯m7
B7
Em7
Am7
D7
Gmaj7
F♯m7
B7
E7
E♭7

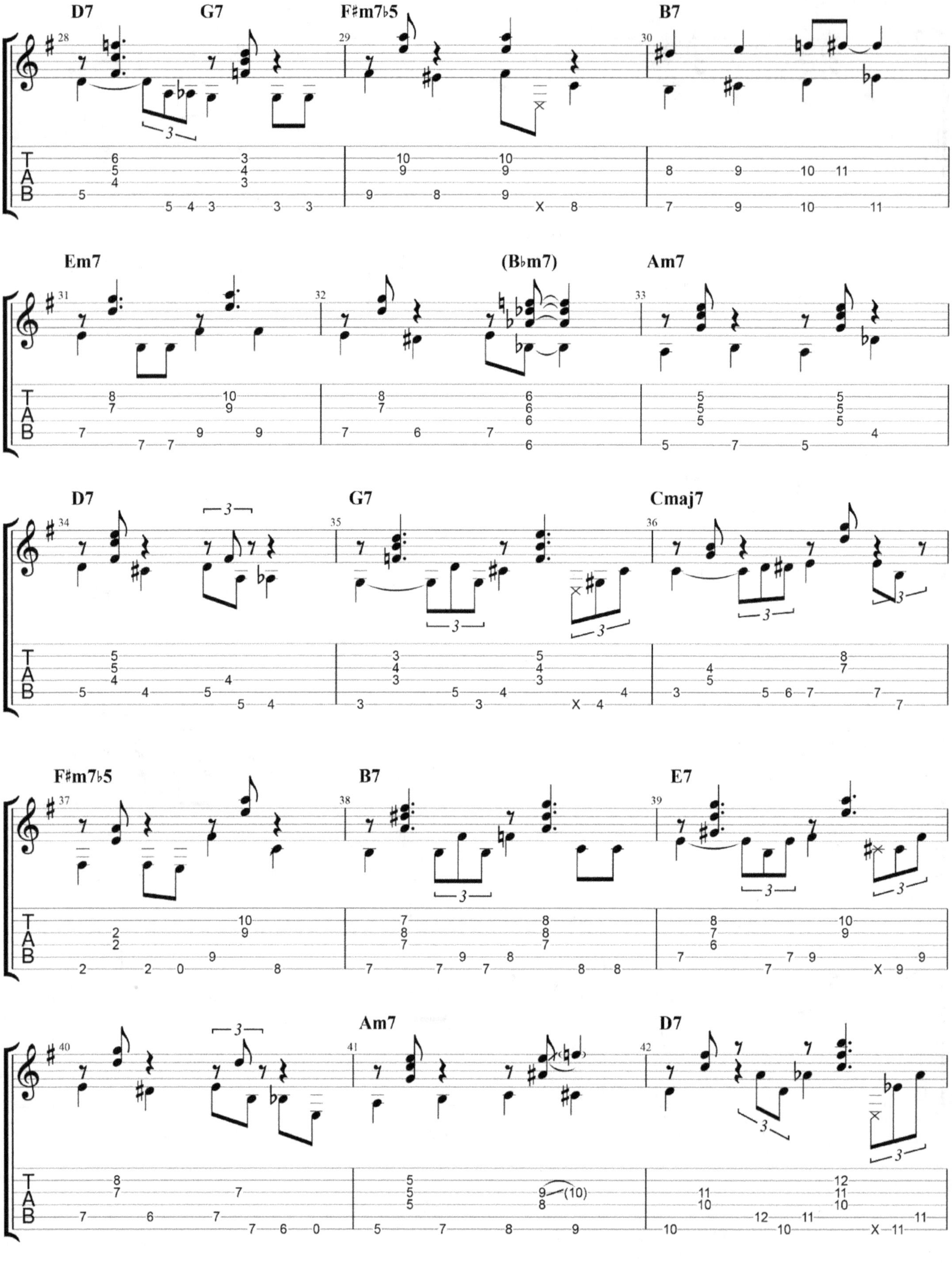
D7
G7
F♯m7♭5
B7
Em7
(B♭m7)
Am7
D7
G7
Cmaj7
F♯m7♭5
B7
E7
Am7
D7

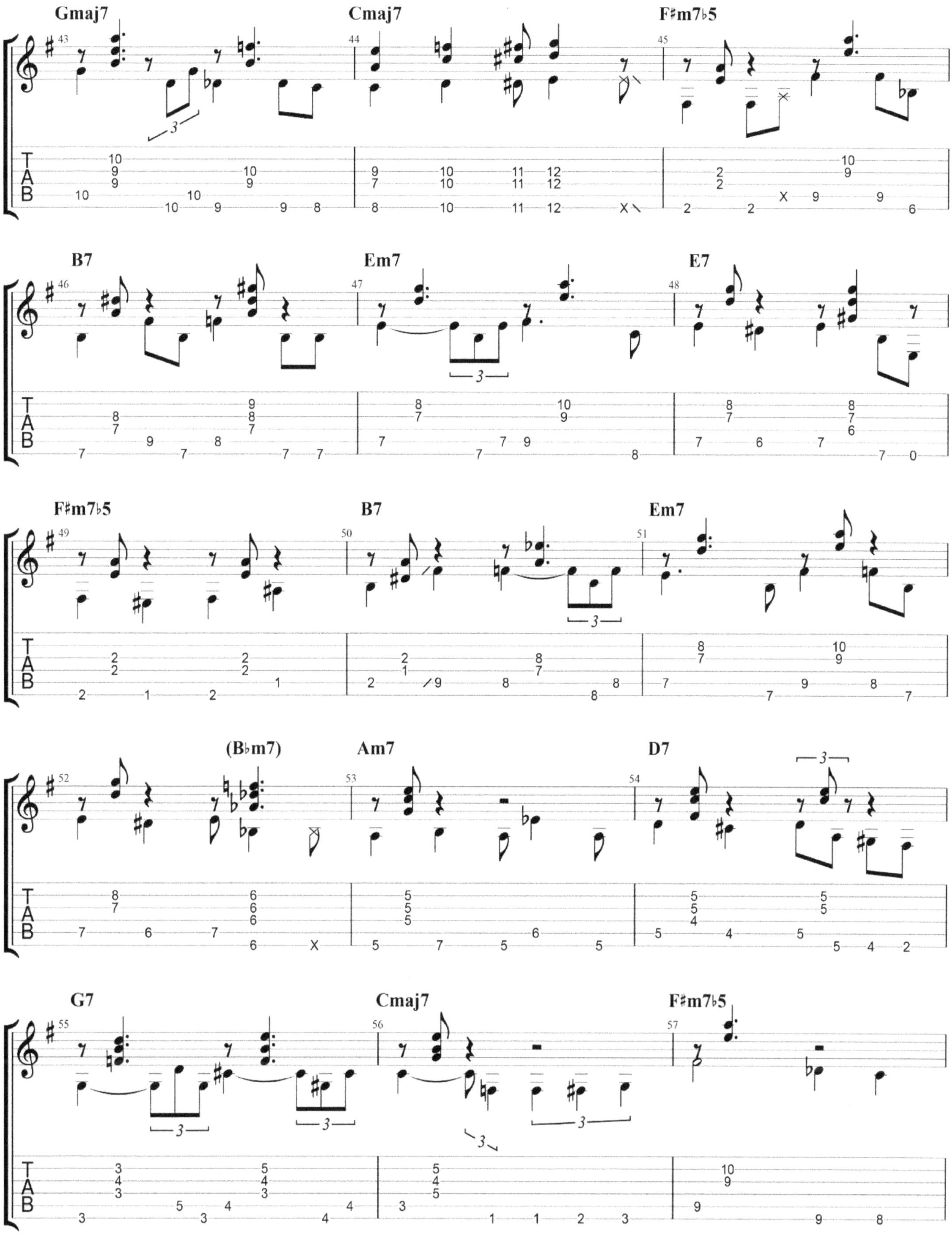
Gmaj7
Cmaj7
F♯m7♭5
B7
Em7
E7
F♯m7♭5
B7
Em7
(B♭m7)
Am7
D7
G7
Cmaj7
F♯m7♭5

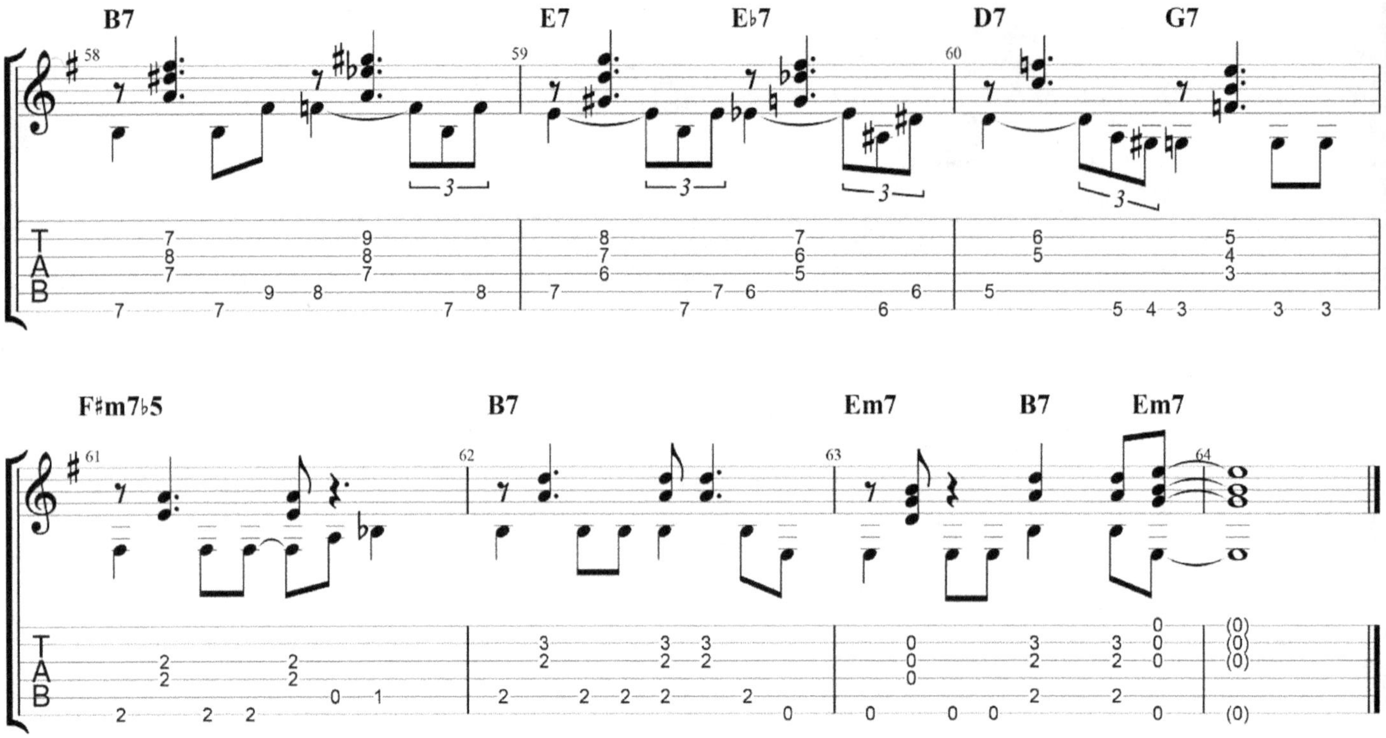
B7
E7
E♭7
D7
G7
F♯m7♭5
B7
Em7
B7
Em7
TAB
TAB

Kapitel Dreizehn – All The Things You Aren't

A♭7
Am7
D7
Gmaj7
Am7
B♭m7
Bm7
E7
Am7
D7
Gmaj7
Am7
B♭m7
Bm7
F♯m7♭5
B7
Emaj7
Gm7♭5
C7
Fm7
B♭m7
E♭7

A♭7 D7 D♭maj7 D♭m7 G♭7
Cm7 Bdim7 B♭m7
E♭7 Amaj7 A♭maj7 G7 C7
Fm7 B♭m7 E♭7
A♭7 D7 D♭maj7 Fm7 Dm7 G7

Cm7
Fm7
B♭7
E7
E♭maj7
A7
A♭maj7
Cm7
Am7
D7
Gmaj7
Am7
Bm7
E7
Am7
D7
Gmaj7
Am7
Bm7
G7
G♭m7♭5

B7
Emaj7
Gm7
C7
Fm7
B♭m7
E♭7
A♭maj7
D♭maj7
D♭m7
G♭7
Cm7
Bdim7
B♭m7
E♭7
A♭maj7

Schluss und weitere Hörempfehlungen

Nun, wir haben es geschafft!

Herzlichen Glückwunsch, dass du deinen Weg durch dieses ganze Buch gemacht hast und auf der anderen Seite unversehrt angekommen bist. Ich hoffe, es gibt dir ein detailliertes Verständnis dafür, wie du deine eigenen Basslines improvisieren kannst und einen echten Einblick in die Art und Weise, wie ich sie auf der Gitarre spiele.

Der nächste Schritt für dich ist einfach Übung und Anwendung. Spiele Walking Basslines über deine Lieblingssongs und verwende sie als Grundlage für deine eigenen Arrangements. Das Wichtigste, was du tun kannst, ist, anderen Musikern zuzuhören, insbesondere Bassisten und Chord Melody-Gitarristen. Joe Pass hatte einen großen Einfluss auf mich und ich habe einen Großteil seines Ansatzes in meinem Stil integriert.

Wie ich bereits in der Einleitung erwähnt habe, sind die folgenden Bassisten einige der größten Einflüsse auf meine Musik, also höre sie dir bitte an und versuche, dir ihr Gefühl und ihre Phrasierung anzueignen.

- Niels-Henning Ørsted Pedersen

- Ray Brown

- Oscar Pettiford

- Jaco Pastorius

Übe ohne Backing Track und halte den Metronom-Klick auf die 2 und 4, um musikalische Unabhängigkeit und ein gutes Schlaggefühl zu entwickeln. Es ist wichtig, eine solide Bassline aufbauen zu können, ohne andere Instrumente zu hören, also stelle sicher, dass du immer weißt, auf welchem Takt und an welcher Stelle der Melodie du dich befindest.

Im Laufe der Zeit wirst du deine eigenen „Bassline-Licks" entwickeln, auf die du dich verlassen können wirst, wenn du mal in der Klemme steckst. Bitte kopiere meine und transkribiere die, die von den großen Jazzgitarristen gespielt werden.

Schließlich ist ein oft übersehener Teil des Gitarrenspiels die Verwendung von Dynamik. Versuche, unabhängige Lautstärkeregler für jeden deiner Finger oder zumindest zwischen Fingern und Daumen zu entwickeln. Durch die Variation der Lautstärke der verschiedenen Parts hauchst du Basslines, die sonst langweilig klingen könnten, neues Leben ein. Deine Kontrolle der Dynamik kann Solisten und die Musiker um dich herum wirklich zu besseren Dingen inspirieren.

Denke daran, dass du jetzt drei Instrumente kombinierst – Gitarre, Bass und Schlagzeug – das rhythmische Rückgrat jeder Band. Sei solide, dynamisch und groovig, um den anderen Musikern eine zuverlässige Rhythmusgruppe zu bieten.

Vor allem aber viel Spaß und viel Freude beim Erkunden!

Herzliche Grüße,

Martin Taylor